核心素养视域下的
高中物理教学模式

张晓磊 ◎ 著

吉林出版集团股份有限公司

图书在版编目（CIP）数据

核心素养视域下的高中物理教学模式 / 张晓磊著
. — 长春：吉林出版集团股份有限公司，2023.8
ISBN 978-7-5731-4210-8

Ⅰ．①核… Ⅱ．①张… Ⅲ．①中学物理课－教学研
究－高中 Ⅳ．①G633.72

中国国家版本馆 CIP 数据核字（2023）第 176239 号

HEXIN SUYANG SHIYU XIA DE GAOZHONG WULI JIAOXUE MOSHI

核心素养视域下的高中物理教学模式

著　　者	张晓磊
出版策划	崔文辉
责任编辑	金佳音
封面设计	文　一
出　　版	吉林出版集团股份有限公司
	（长春市福祉大路 5788 号，邮政编码：130118）
发　　行	吉林出版集团译文图书经营有限公司
	（http://shop34896900.taobao.com）
电　　话	总编办：0431-81629909　营销部：0431-81629880/81629900
印　　刷	廊坊市广阳区九洲印刷厂
开　　本	710mm×1000mm　　1/16
字　　数	205 千字
印　　张	13
版　　次	2023 年 8 月第 1 版
印　　次	2023 年 8 月第 1 次印刷
书　　号	ISBN 978-7-5731-4210-8
定　　价	78.00 元

如发现印装质量问题，影响阅读，请与印刷厂联系调换。电话 0316-2803040

前　言

作为一门基础性学科，物理不仅关系到学生的学习和发展，也对学生科学探究意识与逻辑思维能力的培养具有重要意义。高中生正处于人生的关键时期，教师教学方法、教学理念的实施都会影响到学生的发展与成长。因此，在新课程改革的背景下，探索核心素养导向的高中物理新课堂是十分必要的。在新教育理念的指导下，高中物理教师要积极满足学生对物理知识的学习需求，以科学的教学手段与理念促进学生物理核心素养的提高，落实高中物理课程的有效改革。

本书针对核心素养下的高中物理教学展开探究并分析了高中物理教学模式。先是介绍了核心素养的形成内涵以及教学意义，并分析了物理教学基本要素，接着详细地阐述了核心素养导向的高中物理教学模式、高中物理教学环节以及核心素养导向的物理教师技能要求等内容。

笔者在撰写本书的过程中，借鉴了许多前人的研究成果，在此表示衷心的感谢。由于水平有限，书中还存在许多不足，望读者能够不吝指正。

目　录

第一章　核心素养概论

第一节　核心素养的形成及内涵

一、核心素养

（一）素质与素养

1. 素质

心理学中，素质是个体心理所具备的基本特征和品质，是能力形成和发展的前提条件之一。而现代意义上的素质概念，广义上是指人的总体发展水平，是人的思想、行为的具体表现。在教育学中，素质是一个发展的概念，是经过后天的培养形成的一种比较稳定的身心发展的基本品质。因此，素质是可以通过个体自身的认识和社会实践来改变的。当前对于素质的结构没有统一的定论，具有代表性的观点有几种。第一种是二分法，持这种看法的人认为素质包括生理和心理两方面，即身体素质和心理素质。第二种观点是三层次说，将素质分为生理素质、心理素质和社会文化素质。第三种观点是五成分说，依据传统的德、智、体、美、劳五育，将素质划分为品德、智能、身体、审美及劳动技能素质，或者将素质分为身体、心理、文化、道德及思想政治素质。无论哪一种分法，都体现了内在与外在的统一，体现了全面、和谐的特点。

2. 素养

在对"素养"进行研究的众多学者中，汉字学家流沙河从"素"的本义出发，将其解释为"缦成的帛，色白净，质密致，曰素"。在大众视野中，素就是净、雅，不掺杂任何其他颜色的修饰，也可以将其理解为本色、天然之色。素广泛存在于我们的生活中，如元素，这是构成事物的最基本的成分；素材，是艺术创作之源，来自生活的本来面貌，也是最原始的材料……所以，素是万事万物的本质。而"养"始于生命孕育之时，存在于成长的每一个阶段。在各个阶段中，养所体现出的是精心呵护与照料，是付出与关照。这种付出与照料，不仅需要时间与精力的投入，更需要情感与意念的加持。养的过程，是一个不断给予、内化、凝聚、外显并实践的过程。

所以，从"素"与"养"的结合中，便可以将"素养"理解为：在个体天生潜质的基础上，经过后天漫长的引导与培养，而使人散发出的独特精神气质。通常，人们习惯将素质归于智力方面，而将素养归于精神方面，所以才有了"素质启脑，而素养启心"之说。由此便自然而然地将素养与人性、人格、品质联系在一起。对素养的培养，便是对人性、人格的要求。人们常说"江山易改，本性难移"，这就说明一个人的人格品质是稳定的。由此可见，素养是"一个人内在的稳定品质与生命涵养，是综合了知识、能力、行为习惯等各方面人格特征的集中反映"。以上观念的提出，与中国传统文化一脉相承。

另一种素养概念的提出，是建立在张华教授对欧盟、美国关于素养概念界定的总结与分析基础之上。素养被界定为："素养是人在特定情境中综合运用知识、技能和态度解决问题的高级能力与人性能力。"其最大的不同在于结合了西方教育理论与教育发展。这种界定强调了高级能力（面对复杂情境时，明智又富有创造性地分析、决策、行动能力）及人性能力，强调素养要包括道德。但从这一点来看，无论是立足于中国的传统文化还是西方教育理论，所提出的素养概念是共通的，且对素养的认识是较为明晰的。其一，肯定了人的天赋和潜能，并将其视为素养的基础。其二，对于"素养"而言，素是基础，养是关键。在养的过程中要突出人文关怀，强调情感的投入，重视对人性、人格的启迪，要形成态度、养成道德。其三，素养所体现的不是刻板的知识与技能，而是具有灵性的，是应对各种复杂情境所表现出的发散思维、多维判断与创造性解决。其四，素养不仅在于外在的培养，更在于自我塑造，只有通过学习并进行领悟、升华后形成的稳定的心理品质才能称为素养。

（二）核心素养

如前所述，"核心素养"是在时代与科技变革、经济与社会发展及教育自身的发展驱动下产生的。现代社会给现代人提出了各种各样的素养要求，如语言素养、学习素养、信息素养、科学素养、人文素养、健康素养、实践素养等。素养是在天赋的基础上，持续生命历程的人性、能力、品质的发展，是可以不断生成并扩张的，以动态的网络化的方式存在的，那么各种素养则是素养体系的网络节点。而核心，即中心，是事物之间关系的主要部分。

从字面来看，核心素养即为众多素养中最中心、最基础、最关键的素养。由此可见，核心素养是素养网络中最关键的节点，连通了素养网络中的其他节点。因此，张华教授将核心素养界定为：核心素养是人适应信息时代和知识社会的需要，解决复杂问题和适应不可测情境的高级能力与人性能力。林崇德综合世界各个国家和地区及国际组织对核心素养概念内涵的界定，同时考虑到不同学科对核心素养的研究，以及我国的现实需求和教育实际，将核心素养界定为：核心素养是学生在接受相应学段的教育过程中，逐渐形成的适应个人终身发展和社会发展需要的必备品格与关键能力。可以看出，张华教授对核心素养的定义揭示了"核心素养"这个概念提出的时代背景，并且特别强调了复杂问题和不可预测的情境，而林崇德教授是针对学生发展来定义核心素养的，强调人的终身发展和社会发展。

由上面的阐述，关于核心素养我们必须认识到：首先，核心素养是在先天潜能或天赋的基础上，通过接受教育等方式受后天环境影响逐渐得以形成和发展的；其次，核心素养既要适应个人终身发展的需求，又要满足社会发展的需要，同时具有个人价值和社会价值，是众多素养中的关键素养，具有基础性、关键性、连通性等特征；最后，核心素养是必备品格与关键能力。品格，体现了人的基本素质，是个人生命的品质和价值，体现了个人整体的精神境界和高度；而关键能力是面向不同岗位、不同情境都能主动地、富有创造性地分析、判断、决策并行动的能力。

二、核心素养与学科课程教学的关系

从核心素养的内涵可以看出，核心素养所涵盖的内容是多方面的，是核心知识、核心能力，乃至核心品质的综合性概括。虽然这三者是构成核心素养不可或缺的元素，但核心素养的形成并不是这三者的简单相加。在学校教育中，需要教师在备课时，基于素养的培养，给予教学准确的定位，并从素养提升的高度，组织和设计教学活动。由此可以看出，核心素养与学科教学有着极为紧密的联系。

（一）核心素养指导、引领和辐射学科课程教学

学科教学的任务是什么？这一问题始终是教育界所研究的重要课题。北京师范大学肖川教授认为：教学应为素养而教，即为学生素养及能力的提升服务，重在育人，而不是为学科而教。将教育局限于知识本位，过于注重知识与学科内容的做法，不利于学生的长远发展，禁锢了学生的思维，阻碍了其视野的开阔及思维的活跃性，不利于具有丰富文化素养和哲学气质人才的培养。

从中可以看出，核心素养对于学科课程教学具有指导、引领和辐射作用。一般来说，任何知识结构，都具有两个层次，即表层和深层。表层结构的知识，所体现的是表层意义，即语言文字符号所直接表述的学科内容（概念、命题、理论等）；与之相对的便是知识结构的深层意义，即蕴含在学科知识内容和意义之中或背后的精神、价值、方法论、生活意义（文化意义）等。表层结构（意义）以知识的显性、逻辑性（系统的）为基本的存在方式；深层结构（意义）则以隐性的、渗透的（分散的）知识而存在，是学生素养形成和发展的根本（决定性的东西）。所以，核心素养对教学具有引领作用，以育人为学校教育的价值取向，确保学科教学为促进人的全面发展服务。

（二）学科课程教学的实施有助于核心素养的培养

长久以来，我国学科教学的目的始终以学生对知识的理解和掌握为主，然而随着社会的发展以及人们认识水平的提升，人们对教育有了新的认识。

任何学科的教学都不能仅仅是为了获得知识和技能，而更重要的应该是深层次的，包括关注学生的思想意识、精神追求、思维能力、生活方法等，加强教育向这些方面的倾斜。这就要求学科教学应具有文化意义、思维意义、价值意义，而这些无不以人为出发点，体现着对人的尊重，这样的教学被赋予人的意义。

基于这一点，教育功能的发挥对于核心素养的形成与提升有着重要影响，即核心素养的达成依赖学科育人功能的发挥。就内容而言，知识、技能和态度是核心素养的综合表现，而这些要素可通过科学课程得以实现，现代教育理念强调教学中对过程与方法、知识与能力，以及情感态度及价值观的培养，从这一方面来看，学科课程教学过程有助于实现核心素养的提升。因此，在学科课程教学中，应自觉地树立核心素养的意识，将其与教学活动有机融合，从而达到培养学生核心素养的目的。

（三）核心素养的培养有利于学科综合的形成

对于我国现代化教育改革而言，其目的是培养适应社会要求的全面发展的人才。"全面发展的人"，是对核心素养所指向的"教育要培养什么样的人"这一问题的解答。核心素养，对人的要求不仅是知识上的，还包括能力与技能乃至态度及精神方面，其范畴超越了行为主义层面的能力。

尽管现代化教育理念早已深入人心，但在实际教学中，仍存在各学科各行其是的现象。对于不同学科的教学，有些学校过于重视学科知识和技能的传授，对于教学的其他目标，如情感态度、方法等，虽也有涉及，但对其重视程度远低于知识与技能的学习。与此同时，各学科的教学还存在一些共同点，如在构成核心素养的众多元素中，语言素养是不容忽视的一部分，是沟通交流能力的基础。语言素养存在于不同学科教学中，是各学科的共同素养，而非语文学科专有。

基于以上观点，可以看出，核心素养没有学科的界限。在核心素养体系的引导下，各学科相互促进，有助于各学科教学实现统筹统整，为学生综合能力的提升奠定了基础。

三、核心素养的培养原则

（一）系统设计原则

在素质教育不断推进的时代背景下，核心素养的培养成为当前人才培养的一个重要方向，指导着学校教育教学的改革。学科核心素养贯穿于学科教学的始终，是核心素养培养的关键。学科核心素养培养的内容与学科内容以及学科目标有着直接的关系，学科不同，其核心素养也不同，但是任何学科的核心素养的培养，其大的方向是一致的，即聚焦学科最核心的知识、方法、思维。

教学活动是一个系统的过程，从课程标准到学科知识的教学都需要以学科特点为基础，同时兼顾学科知识，通过由浅入深、逐步深化来编排。学科核心素养对于学科教学有着重要的指导意义。因而，从核心素养层面进行教学设计是现代教学设计发展的必然趋势。需要立足于核心素养，进行课程知识分析、学科内容的理解，在核心素养理念意识的指导下，进行系统的教学内容分析，将核心素养的培养渗透于教学，并强化其地位，使核心素养的培养在教学的各个环节都得到落实。

核心素养的培养不是一蹴而就的，对核心素养的培养往往需要经过学期或者学年的培养来建构，甚至有的学科核心素养还需要跨阶段来实现。这就意味着核心素养的培养离不开科学内容的系统设计，促使核心素养的培养有计划、有步骤。首先，需要在核心素养理念的指导下分析学科课程，确定以核心素养的培养为基础的课程主题，进而围绕这一主题，分析课程章节主题进行逐一教学，这是一条从宏观到微观进行学科核心素养培养的系统化设计路线。其次，有针对性地对核心素养的课程内容进行全面分析与系统设计，包括知识内容的分析、教学目标的设定、教学过程的设计等，这些都要围绕核心素养的培养理念展开。

（二）课时积累原则

核心素养的培养离不开学科的教学过程，它贯穿于教学活动的每一个环节及每一个阶段，是一个系统化的过程。而学校教育的每一个阶段又包含着一系列课程，课程教学是通过一定的课时累积完成的，因而，基于核心素养培养的特点，它的形成也应体现课时累积的原则。如果将核心素养的构建视为一座大厦，课时便是建成大厦的砖瓦，只有不断累积，在每一课时中都强化核心素养的培养，当达到一定程度时，才能看到成效，核心素养的体系才能被成功构建。

需要强调的是，课时核心素养的培养，必须以整体素养的构建为指导，这就如同建造高楼大厦，只有明确大厦的规划，并以此为依据，指导砖瓦的摆放，才能保证所建大厦不偏离规划要求。对于教学过程中的主次重点，需要从核心素养的培养出发来把握课时。课时的教学不是独立的，是在一个主题对应的章节中相互联系，促进理解与深化。基于核心素养培养的教学，需要注重以章节为单位的课时教学，并将其视为章节教学目标达成的主要途径，通过课时学习的有效积累，促进核心素养的构建。

（三）启发性原则

培养学生的物理学科核心素养要求学生主动学习、积极思考，提高学生的思维能力。教学中要"道而弗牵，强而弗抑，开而弗答"，要善于提问或者善于创设问题情境引导学生提问；让学生通过思考、探索、推理形成自己的观点看法，在获取知识的过程中"不愤不启，不悱不发"，强调学生独立思考，发散思维，再通过论证、总结、反思、评估，帮助他们对知识做出正确、科学的表述。启发性作为一种原则，是所有的教学方式都应该遵守的，而不仅限于某种教学模式。启发指向体会、思考、感受，不仅有利于思维能力的提高，也对科学品质的培养有非常重要的意义。

（四）生活性原则

生活性原则是与物理学的特点、价值紧密联系的，物理学的教学不能与生活相割裂。生活性原则要求教师、学生关注与物理相关的生活现象，将生活现象带入物理课堂进行研究或者将物理知识带入生活解释生活现象。将生活与物理课堂结合起来，有助于提高学生的学习兴趣，增强学生对物理现象、生活现象的好奇心及求知欲，也能培养学生对科学和技术应有的态度和责任感，体现"物理源于生活，寓于生活，用于生活"。

（五）方法多元化原则

教学有法但教无定法，受多种教育理论的影响，现在的教学方法多种多样，如讲授法、自主学习法、讨论式教学法、问题式教学法、探究式学习法、同伴学习法、实验法、任务驱动教学法、分层教学法、练习法等。每种教学方法都有各自的优点和不足，教师应该批判性地对待，应该根据每种教学法的特点，结合具体的教学内容、教学目标、教学条件等进行合理的选择或者相互配合，采用多元化的教学方式培养学生的物理学科核心素养。但无论采用哪种方法，都要以学生为本，且体现教学的启发性、生活性及知识的建构性。

四、评价方法的选择

评价的目的在于对学习效果的考查。评价的方式是多样的，通常包括纸笔测试、活动表现性评价等。纸笔测试是一种较为常见，且被广泛运用的评价方式。随着人才观培养的变化，人们越来越注重真实情境中开放性、综合性问题的设置，更加注重思维、能力的考查。在核心素养培养的问题上，知识的学习是绕不开的话题，核心素养的培养过程，即是知识的学习过程。更加注重知识在获取与运用基础上能力、态度、思维等的发展。

基于量变引起质变的原理。知识达到一定程度的积累，就会发生质的变化。所以，纸笔测试不仅要注重对学生知识量的考查，还要兼顾所学知识的质的发展。测试中对于解决过程性问题的设置，不仅能够展示学生对知识的掌握与理解程度，还能够考查学生运用知识解决实际问题的思维方式与能力。因而，纸笔测试对于核心素养的培养有着积极意义，也是其他评价模式无法比拟的。

另一种评价模式——表现性评价是一种全新的评价方式。对于表现性评价，可以从广义和狭义两方面来理解。广义的表现性评价，是指贯穿于平时的教学活动之中，对学习者进行的任意形式的一种评价活动，是一种形成性评价或称为阶段性评价；狭义的表现性评价，是基于特定的学习内容，对学习者的学习结果进行有目的、有组织的评价活动。

活动表现性评价，贯穿于学习者完成学习任务的全过程，通过对过程与结果的分析，掌握学生思维的过程。具体情境下学生的表现能体现学生在解决问题中对知识的综合运用及迁移能力。虽然表现性评价是一种不受拘束的评价方式，但为确保评价的科学性与有效性，必须以明确的评价目标为前提。与此同时，还需要提出问题情境的综合性、开放性与实践性，此外，贴近学生生活与符合教学内容，也是必不可少的。

第二节　物理学科核心素养

人们最早对"素养"的关注，源于经济合作与发展组织（OECD）自1997年起所进行的为期近九年的"素养的界定与遴选：理论和概念基础"专题研究。其中将素养界定为："个体在特定情况下，能够满足复杂情境的要求与挑战，并获得成功及优质生活所需要的品质。"

从中可以看出，素养是一种被赋予了认知、技能与情感的复合概念。这一复合概念，不仅体现在能力上，更重要的是体现在思想道德上，可以说，素养是知识、能力、态度的有机整合。基于这一点，人们可以通过后天的努力及条件的创造，来提高自身素养。

核心素养便是基于素养的概念而提出的，它是素养中最关键、居于核心地位的部分。素养是每一个社会成员都应该具备的品质与能力，而核心素养则是一个人获得成功必须具备而不可或缺的"关键素养""必要素养"。

一、物理学科核心素养

物理学科核心素养是学生在物理学习过程中形成的适应个人成长及社会发展所需要的核心知识、关键能力及必备品质，是学生在物理知识的学习及知识的内化基础上形成的具有物理学科特质的素养。基于物理学科的特点，构成物理学科核心素养的要素包括物理概念、科学思维、科学探究、科学态度与责任。对物理学科核心素养的培养，离不开以学生发展为中心的核心素养的培养，在此基础上，需要体现物理学科的教育价值。在当前素质教育与教育改革浪潮的驱动下，我国基础教育阶段的物理课程已将核心素养作为一项重要的教育目标，引领课程、教材与教学的改革。

二、物理学科核心素养要素

（一）物理基本观念

观念是人们对客观事物的认识，这种认识包括主观与客观两方面。个人的观念反映的是客观事物在人脑中的反映。所以，对于个人来说，成长过程中所形成的观念对人的认识有着极大的影响，可以说人们观察事物的视角、思维方式，都直接受其影响。甚至它还决定着人的价值取向、生活方式，乃至为人处世的方式等。

生活中，我们每一个人都经历着新观念的形成，以及旧观念不断更新的反复更替。对于物理概念而言，对物理基本理论的建立，基本观念是必不可少的。以物理课本中的复杂公式为例，虽然公式是构成物理知识的重要组成部分，但重要物理理论的提出，并不依赖于公式，而是源于观念。同样，物理概念与规律，也是构成物理学的重要成分，是教学的基石，但物理教学并不是为了记忆概念而教概念，其目的在于在形成物理基本观念的基础上，通过对概念的理解做到灵活运用。

概念对于学生而言，不应该是一个呆板、靠死记硬背的内容，也不是在考试中凭借记忆对公式的套用。真正意义上的物理教学，是通过对物理事实、原理、概念、规律的教学，让学生在对基本的原理、规律、概念认识的基础上，通过概括与归纳，将其内化于心，通过加工与提炼，使其升华，学会从物理的、科学的视角，形成对自然界中万事万物运动机制及其相互作用的认识。物理概念的教学，旨在为学生从物理学的视角，运用物理学的知识解释自然现象、生活现象，解决实际问题打下基础。

马克思主义哲学观认为，人类社会是物质世界长期发展的产物。辩证唯物主义认为，物质是能为人的意识所反映的客观存在。因而，世界的统一性在于它的物质性。而事物是不断变化发展的，物质世界也同样处于变化发展之中，运动是物质的根本属性和存在方式。与此同时，事物普遍联系的观点又说明运动与物质是相互联系的，运动离不开物质。结合物理学的概念，物理学是研究物质的基本结构、物质运动和物质相互作用规律的一门基础科学。由此可以看出，学习物理，能够让学生至少明白三种最基本的物理概念。

1. 物质观

依据马克思主义哲学，自然界一切事物都是客观存在的物质世界。世界是物质的世界，物质性是其基本属性。因而，形成正确的物质观无论是对于物理的学习，还是认识客观世界都是极为必要的。

2. 运动观

马克思主义哲学观认为事物是运动变化的。运动存在于世间万物的一切变化和过程之中，是物质的固有属性及存在方式。而任何事物的发展变化都是有规律可循的，规律具有客观性和普遍性，运动也不例外。通过研究物质的运动及运动规律，能够掌握并预测事物的变化。

3. 相互作用观

马克思主义哲学观认为，事物是普遍联系的，在运动中相互作用。正是基于这种相互联系的作用，才形成了物质的运动、变化和发展。通过研究物体间的相互作用，有助于促使学生对物质的形成有一定的认识。

（二）科学思维

人们常用"才思敏捷"来形容一个人的聪慧，足以见得思维之于人的作用，思维与人的智力有着直接的关系。发展人的思维品质是提高个人能力和智力的关键。思维是人的主观意识对客观事物的间接、概括的反映。思维的产生，离不开人的感觉、知觉及客观事物，是一种高级的认知过程。因而，需要强化思维培养的意识，尤其在学校教育阶段，要重视对学生思维意识的培养。在教学过程中，不仅要注重培养学生思维的逻辑性、灵活性与敏捷性，还要注重思维的广阔性与深刻性、思维的独立性与批判性的培养。

科学思维是建立在科学探究与论证基础上的，是从物理学的视角形成对客观世界的本真认识，以及对客观事物的本质属性、内在规律及事物间相互联系与作用的间接、概括和建构的反映。科学思维是从事实到理想模型的抽象概括过程，是基于事实证据和科学推理对不同的观点和结论进行质疑、批判、检验和修正，进而提出创造性见解的能力与品质。由此，构建模型、科学推理、科学论证及质疑创新构成了科学思维的基本要素。

1. 构建模型

模型与客观事物之间存在必然的联系，它的形成是建立在对客观事物进行科学概括的基础上，在概括出事物的本质特征后所抽象出的一种对事物的简化反应。由此，透过模型就可以直观而鲜明地反映客观事物。模型对于科学内容来说，就具有了解释、预见、发现和启示的功能。通过模型，能够将抽象的事物转化为具体的、形象的，将深奥的、不易于理解的科学概念、理论等以具体的形式表现出来，便于概念、理论的理解。正如T.S.库恩（T.S.Kuhn）所说："科学研究的本质即建立理论和模型以不断加深对自然本质的理解。"

物理学是一门抽象的学科，模型的建构对于物理的学习有着积极的促进作用。对物理学的学习，必须树立模型建构的意识，了解常见的物理模型，并能够根据具体的情境建立合适的模型，这对于学生思维品质的发展极为重要。在物理学习中，根据学生对物理模型以及问题情境是否熟悉，将模型与问题情境的解决分为以下几种形式：其一，运用所熟悉的物理模型解决熟悉的问题情境；其二，在陌生的问题情境中建立陌生的物理模型；其三，在陌生的物理情境中建立熟悉的物理模型。而这些，都要求学生必须掌握一定的物理模型。

2. 科学推理

推理的过程，可分为演绎和归纳，因而，演绎和归纳也是推理的两种类型。演绎推理与归纳推理的区别在于，前者是根据前提得出必然性结论的推理，而后者得出的是或然性结论的推理。在推理过程中，对规律的尊重是必然的，但也不能忽视对证据的重视。证据是进行推理必不可少的要素，是推理的基础。

对于中学生而言，他们所进行的科学推理，从本质上看，就是基于证据所进行的实质性推理。对于学生推理能力的评判，有赖于学生将已有的知识经验和探索发现的已知条件运用于新的情境的实际。由此可见，培养推理能力，首先必须具备一定的知识和经验的积累，所以对于学生而言，知识的储备很重要。此外，教师还应该教给学生一些基本的逻辑规则，并让学生知晓证据在推理中的重要性。

物理学是一门研究科学、重在推理的学科，推理对于物理学至关重要，是解决物理问题的必备要素。推理同样也是证明、论证及求解的必经过程，是获取新知识及分析、解决问题的必备环节。

3. 科学论证

论证是一个辩证的过程，它是个体在面对未知问题时，给予证据和理由建构主张，利用反驳、劝说等形式向他人辩护自己主张的合理性实践。论证的出发点和归宿，都离不开真实的证据及有效的推理。所以，进行科学的论证，必须保证三点，即证据的真实性、推理的有效性、观点的正确性。论证的过程，难免会遇到与自己观点或主张相违背的情形，所以，在与他人争辩的过程中，不仅要强调对自己所持观点进行有效辩护，所阐述的证据或推理的过程要正确、详细，还要表述清楚，不能含糊其词，还应该尊重他人不同的观点，与此同时，在不同的观点中做出权衡，在协商中解决意见冲突。

科学论证是论证形式的具体化，它是对自然界中的未知事物或现象进行的论证，是科学家在面对未知问题时，利用反驳或劝说等形式向他人灌输自己建立在科学证据和理由基础上的科学主张的合理性实践。

科学论证是一种重要的科学实践形式，是开展科学工作不可或缺的重要形式之一。物理学是探究科学的学科，因此，科学论证是物理教学所必需的。在科学论证中，难免会存在观念上的冲突，解决冲突的过程，就是内化知识的过程，让学生感受到已有知识的不足，进而认识到替换或调整已有概念的必要性。进行科学的论证，需要学生具备一定的知识储备，同时，还需要在论证的过程中，详细地阐述自己所建构主张的步骤和逻辑，让他人理解并认同科学知识的产生过程。科学论证是物理学习思维能力形成的关键，同时有助于发展学生科学探究能力，促进学生科学观念的形成，促进合作意识的培养与增强。

4. 质疑创新

"学起于思，思源于疑"，由此可见，质疑是一种难能可贵的品质。所谓质疑，是基于个人已有的知识，对已有的现象或结论提出疑问。质疑并不是毫无根据的臆想，而是根据自身的知识储备，对已有现象或观点提出有理有据的理性思考。

但质疑并不是目的，疑问的提出在于保证知识的准确性。除此之外，质疑还是探索的起点。只有心中存疑，才会为了释疑而采取一系列的方法，在刨根究底的过程中不断地提炼证据、探究问题，从而获取大量资料，并通过推理形成自己的观点，在论证中阐述自己的主张。

在这一过程中，学生不仅得到了准确的答案，也在寻找答案的过程中获得了新的知识，与此同时，锻炼了自身的探究能力与思维品质。从某一角度来说，质疑可以理解为是对已有知识、理论、观点的不认可，是在深入推敲的基础上，对原有认识的解构，但这并不是目的，质疑不能随着原有知识的解构而消失，相反，质疑的目的是在已被解构的知识体系上，建构新的知识体系。

质疑所体现的是一种特质，即思维的灵活性与深刻性。此外，质疑还体现出一种态度和精神，即一种不人云亦云、不盲从的态度，一种敢于挑战权威、打破陈旧的精神。质疑体现出一个人思维的开放性和创造性。质疑是创新人才必备的品质。

（三）科学探究

探究精神是现代人才必备的一种品质。现代教育理念强调培养学生的探究能力，探究式教学已成为当前学校教育的重要教学模式之一。探究式教学是将科学领域的探究引入课堂，在感受和领悟科学家的探究精神的过程中，理解科学的概念和本质，从而自觉增强探究意识，培养探究能力。研究表明，学生对于物理知识学习时所表现出的认识规律与探究式的教学相符合。这样，学生在科学探究的过程中，就能够与物理学科的探究本质保持一致，这与物理学的本质特征是相符的，即物理学是在不断追求认识统一性的探究过程中发展起来的，物理研究要在科学探究的过程中寻找事物的本质特征与统一规律。科学探究成为物理教学不可或缺的一部分，成为物理教学的重要内容和教学方式，也是学生必备的一大素养。

物理教育将科学探究界定为："科学探究是提出科学问题、形成猜想和假设、设计实验与制订方案、获取和处理信息、基于证据得出结论并做出解释，以及对科学探究过程的结果进行交流、评估、反思的能力。"科学探究素养的形成是一个漫长而持续的积累过程。在不同的学习阶段，教师应根据学生的特点及能力水平选择合适的探究方式，加强科学探究素养的培养。

（四）科学态度与责任

态度是人评价某一事物时所表现出的某种心理倾向。这种心理倾向依赖于主体对客体一定程度上的认知、情感和行为倾向，态度取决于这三大因素的统一。认知成分是指个体对态度对象具有的评价意义的观念；情感成分是指个体对态度对象认识的基础上进行评价而产生的内心体验；行为倾向是个体对态度对象准备做出某种反应的倾向。对于科学态度，也应从认知、情感及行为倾向三个角度来理解。

1. 科学本质

科学即是探讨客观世界的本源性问题，是对科学本体论的探讨。科学课程的设置，应建立在对科学本质认识的基础之上。对学生科学态度与责任的培养，首先必须引导学生认识科学的本质。事物是运动变化的，科学的本质也是随着研究的深入而不断发展和完善的。加之辩证唯物主义事物普遍联系的观点，对于科学研究而言，科学的研究与发展必然涉及人与自然、人与社会的关系。因而，在以科学探究为核心的物理教学中，需要加强学生间的合作、增强科学探究意识、重视物理知识的建构，除此之外，还需要建立学生对物理学史，以及物理学与其他学科的联系，这对于学生形成科学态度与社会责任意义重大。

2. 科学(Science)、技术(Technology)、社会(Society)、环境(Environment)（以下简称"STSE"）

STSE 的要素间是密切联系的。科学与研究离不开一定的社会环境，社会提供科学研究所需要的环境；而科学研究的理论、知识、规律等并不是直接作用于社会，技术才是联结科学与社会的纽带。科学提供的原理、规律、知识等转化为技术，技术影响生产力的变革，引起社会的变化。人类通过科学增加了对社会的认知，而技术又成为科学转化为生产力的中介，只有将科学的知识、理论转化为技术，才能最大限度地发挥科学的价值，为人类社会创造财富，推动社会的变革与发展。然而不可否认，伴随着科学的发展，人类环境也会发生一系列变化，诸如环境污染、水土流失、生态破坏、能源短缺等，在环境日益恶化的进程中，人类已意识到环境的重要性，由此，提出了科学发展与环境的关系，即在发展科学与技术的同时，要注意社会和环境的保护。可以说，人类发展的历史实际上是 STSE 要素间相互促进、互为制约的过程，也是和谐共生、持续发展的结果。

在物理教学中培养学生的科学态度与责任意识，就需要加强学生对 STSE 关系的认识，既让学生明白科学与技术对于社会的作用，也要让学生认识到科学技术对环境的影响，培养学生人与自然和谐发展的可持续理念。

3. 科学态度与社会责任

科学态度是探究科学本质所必须具备的一种品质。科学态度对人的影响是方方面面的。首先，在情绪上，影响主体对客体的体验；其次，在行动上，影响个体行为的方向性和对象的调节性，进而影响信息的接收、理解与组织，还会影响主体的投入状态。所以，在物理教学中，需要培养学生养成以下科学态度：

其一，"知之者不如好之者，好之者不如乐之者"，一语道出热爱对于科学态度养成的重要性。只有对科学及科学探究感兴趣，才能在求知欲的驱动下养成科学的态度。其二，"独学而无友，则孤陋寡闻"，由此可见与人合作的重要性。科学态度的形成，需要培养学生的交流意识和合作精神，让学生在科学探究中与人讨论。其三，"知之为知之，不知为不知"，说明需要尊重客观事实，实事求是是科学态度的一大品质。其表现为维护客观事实，不弄虚作假，敢于接受实践的检验。其四，"锲而不舍，金石可镂"，所呈现的是一种持之以恒的顽强精神，自强不息是科学态度所必备的另一品质。其五，"天下兴亡，匹夫有责"，意味着强烈的民族情感是科学态度的基石，需要培养学生树立为社会发展、国家繁荣而努力的志向，将所学知识服务于人类社会的社会责任感。

在物理学习过程中，需要加强学生对物理知识的吸收、内化，让学生对物理知识以及物理学本质形成客观的认识，并形成正确的物理观。物理教学的过程，是引导学生科学探究及科学思维的过程，在这一过程中，学生的探究意识及思维能力都相应地得到了锻炼，有助于其对具体问题科学而有效地解决。除此之外，物理教学鼓励学生尊重客观事实，培养学生养成勇敢无畏、持之以恒的精神品质，对于学生的影响是深远的，能够指引学生克服生活中的困难，面对挫折与失败，能够保持积极乐观的生活态度。

总而言之，物理学科核心素养，对于学生科学知识的学习及科学精神的培养，以及正确价值观的形成有着积极的促进作用。物理核心素养是学生综合核心素养的重要组成部分。

第三节　核心素养与三维目标的关系

一、三维目标的内涵

我们可以从知识整体性角度来认识三维目标。知识是人类对生产生活中积累的经验的总结，是人类的物质财富和精神财富，这些经验经过科学和实践的检验，再被抽象化、符号化，最终成为知识。人类是知识的创造者和使用者，知识来源于实践，最终又用于指导实践，在这一知识的转化和迁移中，知识的价值得以实现，成为真正意义上的知识。那如何理解技能呢？知识与技能间又有着怎样的关系呢？

从认知心理学角度来看，根据知识表现形式的不同，可将知识划分为陈述性知识和程序性知识。三维目标中第一维度的知识便属于陈述性知识，是事物的本质属性和内部联系在人脑的反应；技能属于程序性知识，是完成任务的一种可操作性方式或程序在人脑的反应。

通过比较可以发现，从某种程度上来说，技能实际上可以作为一种知识，是知识的另一种形式。由此，可以认为知识与技能目标是知识内容上的具体表现。人在获取知识的同时，伴随着对知识形成所进行的思维方式和方法。从中能够看到，知识与技能目标的达成，蕴含着与之相适的过程与方法。

从认知和方法论的角度来看，可认为学习是认知思维的操作和体验，即"运用记忆、理解、分析、评价、创造的认知思维完成知识、技能向能力的转化过程"，是学生通过知识的学习，在对知识的理解与运用中，掌握分析问题、解决问题的方式方法的能力转化过程。这与人类创造知识并将其用于解决问题的过程是相符的。"过程"是问题解决的过程,"方法"是解决问题的思维方式和行为。所以,过程与方法目标可作为三维目标的第二维,将其表述为学习和理解知识的内在形式,包括思考方式、表达方式及解决问题的各种方法。

人类在学习知识的过程中,需要体会和感悟隐藏在知识背后被人们所赋予的情感、态度、价值观。任何学科,在其知识的每一个环节,都有着与之对应的自然、社会及人类的情感、态度、价值观,所以,对知识的学习,不仅在于掌握知识本身,更在于了解知识的形成过程,并从知识形成的过程中感悟其所蕴含的情感态度。这种"情感""态度""价值观"是人类创造知识时表现出的内心情感、某种行为反应倾向以及某种稳定的认知。

基于此,不难看出,情感、态度与价值观三者是相互联系的整体,作为三维目标中的第三个维度。这一维度的形成,一方面离不开前两个维度的有效运行,另一方面又能提升前两个维度的价值和意义,三个维度共同作用于学生核心素养。

二、"三维目标"的产生背景及原因

随着科学的发展及人类认知水平的不断提升,教育教学的研究不断深化,各种理论层出不穷。教育问题关系着国计民生,我国对教育的关注力度也在不断地强化中。立足于我国实际,我国加快了教育改革的步伐。我国基础教育课程改革提出了"三维目标"的教育教学理念,并以此来制订学科教学目标。可以看出,我国三维目标教育教学理念符合我国的教育实际,与布鲁姆的教育目标分类学有着很大的不同。

对于现阶段的教育来说,经过多次的教育改革实践,制度与形式逐步趋于稳定,从教学内容着手,旨在将僵化、呆板的教学内容转向灵活性的,以激发学生学习兴趣、发展学生思维能力及增强情感体验为目标的教学内容。"三维目标"体现的就是这样的教学内容。随着教育改革的深入,"三维目标"教育理念已在全国推广并取得了一定成效。

实践证明,"三维目标"教学理念的提出与运用,既符合学生发展的客观规律，符合教育发展的客观要求，也符合整个教育改革的趋势与潮流，符合当前社会发展对人才的要求。

首先，基于"三维目标"自身的科学性，它是相对来说较为成熟的教育理念，有着科学的理论支撑。与此同时，它是基于我国教育实际所形成的教育理念，符合我国基础教育现状与需求，理论与实际的有机结合，有效保证了"三维目标"理念的先进性和可行性。其次，"三维目标"的科学性和可行性，使得它的产生符合事物的发展规律，同时顺应了时代发展的潮流，符合整个大的教育教学改革方向与发展趋势。最后，"三维目标"是当下人才培养的基本要求，符合我国综合国力进一步发展的需要，是迎接世界新挑战的重要保障。

三、三维目标与学科核心素养间的辩证关系

（一）三维目标与学科核心素养的把握角度

对于三维目标与学科核心素养的关系，可从以下几个角度来把握。

1. 横向分析

第一，从所指对象的构成上来看，三维目标的对象是课程，而学科核心素养所指的对象落脚点是学生。三维目标的三个维度分别是知识与技能、过程与方法、情感态度和价值观，这是基于布鲁姆教育目标分类学理论，同时结合我国教育实际发展而来的，它体现在课程目标的设置上，以课程为对象；而课程目标的落实，最终体现在知识与技能的维度上。基于知识的整体性来理解三维目标，不难发现，知识的整体性归根结底落脚点在于知识。结合自然科学来说，三维目标又可看作科学知识目标，其所代表的是知识的产生过程与结果。不同的学科，知识内容不同，知识目标也不同。具体到每一门学科，对知识的学习，是将学科知识内化为自身修养的过程，也是将知识转化为解决具体问题的能力。从这一角度来说，虽然三维目标体现的是课程的设置，但是透过课程，对学科知识的学习，能够转化人的知识与能力，这与学科核心素养注重从人的角度出发，培养人的全面发展有着间接的联系。第二，从具体内容及要素来看，三维目标的三个维度的确定，其目的在于提高学生的科学素养。科学知识目标体系又可以细分为

四个维度，即"科学认知和观念""科学思维和方法""科学探究与实践""科学精神和社会责任"，这一维度设置的目的在于帮助我们正确认识科学本质。而学科核心素养也被细化为五要素，其目的是培养现代社会公民所应具备的品质与能力。由此可见，教学目标从三维到四维，乃至五维，其出发点与落脚点始终未变，都是人的全面发展，从分到总或是从总到分，使得教学目标更加整合化。

2.纵向分析

构成三维目标的三个维度与构成学科核心素养的五个要素之间是辩证统一的关系，既有联系也有区别。对于知识与技能来说，无论是"宏观辨识和微观探析"，还是"变化观念和平衡思想"，都是对这一维度的细化，两者均指向科学认识和观念；"过程和方法"维度，不仅囊括了前一维度的两大细化方面，还包括证据推理和模型认知、科学探究和创新意识，均反映了学科科学思维方法和探究实践；"科学探究和创新意识""科学精神和社会责任"与"情感态度和价值观"是相对应的，均表现学科的教育价值和应用价值。由此可见，无论是三维目标还是学科核心素养，它们在内容上既保持着高度一致，也有着自身的特性。五要素将三维目标更加细化和具体化，且每一要素再被细化为四个等级，每一等级水平又对学生需要达成的目标进行了详细描述。与之相比，三维目标则较为笼统，在实践方面，缺乏具体、科学的有效指导，故而可操作性不强。

（二）核心素养与三维目标的区别

尽管核心素养与三维目标有一定的差异性，但是二者在内容的设置上仍然具有高度的内部一致性，前者对于后者而言，更加形象化、具体化、学科化及目的化。由此，我们也可以认为核心素养是对三维目标的延续及超越，发展学科核心素养，是适应教育改革的应然之举，反过来，也能够推动教育改革的进一步深化，促使教育改革从以学科为基础的知识教育，朝着以人为本的素质教育方向持续发展。主要包括以下两个方面：

第一，三维目标虽然属于科学化的教育目标的范畴，但是其在教育本质上仍存在一定的欠缺，核心素养便是对这一不足之处的有效弥补。三维目标是教育本质从外至内的中间环节，这就意味着，三维目标本身兼顾内外，既有外在的东西，也包含内在的东西。从这一点来看，三维目标的理论相对于"双基"而言是较为全面而深入的。但其不足之处在于，其一，缺乏对教育本质的关注；其二，缺乏对人的全面发展的详细描述和科学界定。相比之下，核心素养更多地关注教育的本质问题，关注人的发展。所以，从这一点来说，它弥补了三维目标的不足，明确了真正的教育需要培养什么样的人，让教师明白在知识传授的同时，要兼顾对学生学科素养的培养，从而达到知识学习与核心素养培养相结合的目的。

第二，核心素养的形成和发展，建立在三维目标的基础上，是对三维目标的发展。从核心素养形成的机制来看，三维目标是其形成的基础和要素，核心素养是对三维目标的提炼和整合、发展与完善，核心素养是在进行系统的学科学习之后获得的；从核心素养的表现形态来看，核心素养是对三维目标的发展与超越，是个体处于知识经济、信息时代背景下，面对复杂的问题时，以学科知识为基础，在学科观念的指导下，探讨问题的解决办法所表现出的能力与品质。三维目标不是教学的终极目标，而能力及品质才是关键。一直以来，学校教育都注重知识的传授，将知识的传授作为教学活动的重心，离开了知识的传授，教学活动便失去了意义及方向。从这一角度来说，教学活动与知识传授是统一的。教学活动要持续，学生要获得成长和发展，就必须注重对学生知识的传授。然而，传授知识不是唯一的目的，人的发展不仅仅是对知识的需求。正如马斯洛的需求理论所述，人的需求是多层次的。因此，教学知识与学生需求的统一，是现代教育所坚持的理念。教育的根本目的和人的发展的核心内涵，即素养的提升，就构成了人的发展。也就是说，教学活动是在知识学习的基础上，提升人的素养的一种活动。

教师必须明确三维目标与核心素养的这一关系，才能更加深刻地理解教学活动的意义，强化教学目标的设置，围绕学生知识的学习与学科素养的形成，开展有效的教学活动，始终保持将核心素养的培养贯穿于学科教学。

四、重建核心素养导向的教学观

对三维目标与核心素养关系的了解有助于教师明确教育的目的，即为什么而教。"为什么教"只是前提，"怎样教"才是目的，这就需要重建核心素养导向下的教学观，以探讨如何在教学活动中将三维目标与学科核心素养更有效地结合起来。

（一）树立"立德树人"的教学观

"立德树人"已成为现代教育的理念及基本要求。所谓立德树人，就是要求教师在面对作为教育对象的学生时，首先需要明确教学的关键在于人的培养，教学活动的开展应围绕学生的个性自由和健康发展，教学服务于学生的成长成才。对于学生而言，其个性自由和健康发展应该以良好的道德品质为前提，而这正是核心素养导向下教学的重点。所以，重建核心素养导向的教学，必须坚持"立德树人"的教学观。

首先，教师需要在观念上进行转变。在教学中，知识的传授和能力的培养对于成绩的提升固然重要，但是这些成绩必须服从于学生的健康和幸福。健康，不仅仅是狭义的身体健康，而应该包含更为广泛的意义，即包含心理健康及良好的品质。因此，教师在教学活动中，应以学生的健康为前提，注重将学生良好道德品质的形成与知识的传授相结合。这就要求教师以学生为中心，全面了解学生的实际情况与需求，尊重学生个体差异，对不同学生采取不同的教学方法。作为教师，既要鼓励并要求学生学好知识，还应该尊重并爱护学生，善于发现学生的优点和长处，尤其应注重对学生潜能的挖掘。

其次，理解学生发展的顶层设计就是核心素养，它是实现"立德树人"根本任务的价值所在。教师的任务不仅是教书，更重要的是育人。教师要关注学生，全面了解学生，发现学生的优点和长处，弥补学生的缺点与不足。教师应该明白，教学的真正目的是育人。不同学科根据其性质及内容，所含知识均有所差异，但是育人的使命和任务是一致的。教师应该牢固树立育人的理念，明确核心素养的要素和内涵，在教学中形成自己独特的教学风格，并将核心素养融入教学特色。

（二）"以生为本"的教学观

"以生为本"也是现代教育理念，即以学生为中心。它是指在教学活动中,教师应关注学生,尊重学生的个体差异,根据学生的特点如兴趣特长、能力水平等,制定不同的教学内容,鼓励学生自主学习,充分挖掘学生潜能,以促进学生全面、均衡地发展。具体可从以下方面入手。

首先,对于学科核心素养,要有正确清晰的认识,尤其是对于实施核心素养教育的本质意义。在此基础上,教师才能更好、更自觉地将学科核心素养融入教学,了解学生的真实状况及学习情况,尊重并宽容学生,在此基础上,形成自己的教学智慧与教学风格。只有这样,才能真正落实基于核心素养的新课标精神,也才能提高教师基于核心素养培养的教学能力。

其次,是基于学情分析,这是开展有效教学的前提。只有真实准确地进行学情分析,才能保证教学活动的开展更有针对性。学情分析的对象主要是学生,因此,对学情的分析主要包括对学生学习起点状态、潜在状态的分析。对于学生起点状态的分析可以从三个维度展开:一是知识维度,主要是学生对基础知识的掌握与认知;二是技能维度,是指学生已具备的学习能力;三是素质维度,指学生的学习习惯。

而对学生潜在状态的分析,即学生的潜能,也可以从三个维度来理解。首先,知识维度,即学生知识潜能,主要根据学生已有的知识基础、原有认知结构、学生的情感和发展需要来分析;其次,技能维度,即对学生知识技能、过程与方法、情感态度与价值观方面所具备的能力分析,包括能力层次及状态;最后,素质维度,即对学生的学习习惯的分析,学生的学习习惯是怎样的,根据习惯选择更有效的学习方法,基于学生的学习习惯,课堂教学可能生成的能够促进学生学习的资源。

(三)树立"学科本质"的教学观

学科核心素养导向下的教学,还应该树立"学科本质"的教学观,需要教师了解和掌握基于核心素养的课堂教学方法,在对于学科本质了解的基础上,梳理学科核心素养与学科本质的关系,以及探讨如何在学科核心素养导向下进行学科教学,彰显学科教学的独特魅力及育人价值。要做到促使教学活动从教学转向教育层面,需要教师具体做到以下几点。

首先,对于学科素养要有客观准确的认识。明确核心素养与学科教学任务之间,既有联系,也有区别。核心素养培养的着眼点,也并非学科教学任务的分解。而应该是立足于教学全局，将核心素养定位为学生应对复杂问题所必须具备的解决问题的能力和品质，这也是学生终身发展及适应社会发展不可或缺的关键能力和必备品质。

在教学过程中，教师要发扬伯乐精神，独具慧眼，善于捕捉、发现并利用学生的优势、特长、经验、创意、见解，乃至问题等，都可能成为教学的生长点。作为教师，要不断丰富教学资源，尤其需要开发学生身边的资源；注重学生实践能力的培养，让学生在实践中锻炼并提升能力；除此之外，还要广泛利用校内外场馆资源——学校图书馆、实验室、课程基地、运动场等及校外科技馆、博物馆、农业科技园等；处于信息时代的今天，教师还应该鼓励学生充分利用网络资源，丰富自己的学习经验，利用互联网扩大视野，开阔眼界。

其次，只有在"学科本质"教学观的引导下，教师才能够深刻认识教学的实质，真正领会核心素养导向下的教学育人价值。教师要为学生的自主学习与探讨营造良好的学习氛围，借助多种教学手段与方法，使学生自主探究的能力得到锻炼与培养。兴趣是最好的老师，教师应注重对学生兴趣的塑造，在教学活动中，努力培养学生的兴趣，为其将来的发展奠定基础。

最后，树立"学科本质"的教学观，要求教师明白，教学的真正目的在于使学生掌握"解决问题"的能力，这也是学习的本质。在以核心素养为导向的教学过程中，教师应该灵活选择并调整教学内容，根据学生的特点及需求，以及教学现状，及时变革教学方法及模式。而要实现这一改变，教师是关键。教师必须回归教学本质。唯物辩证主义的发展观，告诉我们世界是变化发展的，任事物都处于变化发展之中。教学活动也是如此。教师应该认识到，无论是社会的发展还是个体的进步，都离不开发现问题、解决问题的过程，而且这是一个循环往复的过程。教师在这个过程中要发挥自己的教学智慧，引导学生发现问题、探讨问题、解决问题，只有这样，才能保证教学活动从讲授为主向以学生的自主学习为中心转变。这也为以学生的学习为中心的教学设计奠定了基础，从而保证教学活动真正围绕学生开展。

总之，意识对行为有着一定的引导作用，正确的观念是行动的指南，核心素养导向下的课堂教学，必须树立科学的教育观念，并保持观念的与时俱进。只有在观念上注重更新与转变，以核心素养教育观引导教育活动，才能保证核心素养与教学目标的有机融合，让学生的核心素养在教学中得到培养。

第四节 核心素养理论的教学意义

知识的学习与掌握，为核心素养的形成奠定了基础。学科核心素养，是以具体的学科知识为载体，通过具体的学科内容的学习，形成对学科核心概念、原理及规律的理解，进而获得相应的能力、态度，从而实现学科核心素养的建构。由此可以看出，学科核心素养的形成，离不开学科知识的学习，而学科知识的教学，是学校教育的主要形式，因此，学科核心素养，与学校教学有着很大的关系。随着时代的变革与发展，学校教育教学也发生了根本性的变化，学科知识的内涵也随之变化。在教学过程中融入核心素养理论，对于教学乃至学生的发展有着极大的促进作用。

一、核心素养培养的理论基础

（一）核心素养的知识论基础

一个人的核心素养有着很大的发展空间，教育以及自身的努力是最主要的，也是最基本的途径。对于核心素养的培养，通常是以学科内容知识为基础的，并以其为载体。在对知识的学习中，促进对学科核心素养的意识培养，形成对学科核心概念、规律、原理等的理解，能力、态度等的获得，从而达到对学科核心素养的构建。任何教学活动，都是以一定的知识传授与学习为基础的，这也是学校教学模式的基本形式。

随着教育理念的不断完善以及教育改革的逐步推进，我国学科知识教学内容也发生了相应的变化，其内涵也更加丰富与多样化。从以学科本位到以素养本位的转变，是当前素养教育的本质特征。尽管素养教育被提升到了一定的高度，但这并不代表对知识地位的忽略，相反，学科知识仍被作为教学最基本的内容。

以学科知识为基础的核心素养的培养，首先，通过课程化的知识教学过程，将以认知价值为核心取向的知识学习与智力发展相统一；其次，不仅要注重学生学科思维能力的培养，还需要加强学生对学科特征的理解。在此基础上，促进学生学科核心知识、核心观念、核心方法等多方面的建构与发展。

核心素养与学科知识相互促进，核心素养的培养以学科知识为基础，主要是学科知识中核心知识的学习，同时，进行学科观念、思维、态度的培养。从教学的任务来说，教学的一般任务是引导学生能动地学习，掌握基本的知识与技能，同时具备灵活运用的能力。这也是其他任务得以完成的基础和前提。因此，核心素养的形成过程，是学科知识教育价值实现的过程，没有基础知识的掌握，就无法实现对以知识为基础抽象出来的方法、态度及能力的获得，核心素养的培养也便成为无本之木，效果可想而知。

（二）核心素养的认识论基础

知识建构理论成为核心素养培养的理论基础。生活在社会中的人，或多或少都会有一定的生活经验及知识的积累，并自觉或不自觉地将其运用于新知识的学习及能力的培养。对于核心素养培养来说，核心素养形成的过程，可认为是意义建构的过程，其中已有的经验或观念是基础。教师的作用不是忽略学生已有经验或知识，重新像往瓶子中注满水一样对学生进行新知识的传授，而是应该充分考虑学生对已有知识的掌握，并基于此找到新旧知识间的连接点，建构新的知识。

建构主义学习观强调学生的学习，是建立在已有知识或经验的基础上，进而对外部知识理解的过程。对已有知识向新知识的转化，需要不断调节原有认知结构，使其为新知识所接纳。而新知识的形成，对于原有知识结构的改进与发展，同样有着积极的促进作用。建构主义指导下的核心素养的培养，可用以下方式实现。

1. 以学科问题情境为基本教学活动方式

核心素养是知识与能力等的统一，而以学科教学为基础的核心素养的培养，重在以学科问题情境为背景，引导学生培养在具体情境中解决具体问题的能力，而非依靠传统的教师传授。而这一观点，恰好符合建构主义者所秉持的情境性认知观点，"强调学习、知识、智慧的情境性，认为知识是不可能脱离活动情境而抽象地存在的，学习应该与社会化的情境活动结合起来"。传统的学校教育奠定了知识传授的基础，而能力的获取，以及思维能力的提升，仅凭知识的传授无法真正实现。通过参与性的实践所达到获取学习和巩固某种能力、方法等的有效性，远大于从书本或讲解中所获。思维能力的培养与提高，取决于学生解决具体问题时方法策略的选择、应用及对行为过程、行为结果的反思。无论是知识的获取，还是知识的运用，既来源于实践，又离不开实践过程的体验。在具体情境中通过尝试、小组协作以及不断地思考来解决问题；学科学习方法的掌握，同样与实践关系紧密，是在具体情境中，面对或是解决具体问题时不断反思的结果。建构主义主张"抛锚式教学"，即在教学过程中，教师应善于创造与现实相似的情境，引导学生对相应的问题情境进行探讨，培养学生对问题情境的建构能力，促进思维能力的发展。

2. 以探究式学习为基本教学活动方式

在学校教育中，课堂教学是学生学习知识内容最主要，也是最基本的形式。课堂能够为学生提供系统地进行学科知识学习的机会，便于学生对系统知识的掌握。但是与此同时，课堂教学也存在以教师讲授为主，而忽略学生在学习中的主体性，忽略对学生探究性思维能力的培养的问题。教学过程不应该以知识传授的多少为衡量标准，而更应该以学生对知识的理解、吸收，乃至掌握程度为主，这离不开探究式教与学的过程。建构主义指出探究式学习过程是"以问题为导向，通过发现问题和解决问题而建构知识的过程"。由此可以看出，探究式学习的开展离不开问题情境的创建，而且所创建的问题情境必须是与所学内容相关的、有意义的。

从这一点出发，创建有意义的问题情境，与教师的探究意识及能力有着直接的关系。需要教师强化探究学习的意识，合理设计探究过程，既要结合学生的实际状况以及知识水平，又要与生活实际密切相关，将探究活动的难度控制在合理的范围内，避免问题超出学生的能力，而让学生望而生畏，挫伤学生学习的积极性，抑或是问题设置过于简单，达不到提升学生探究思维能力的效果。在这个过程中，教师要通过设置一系列的合理问题，并以问题链的形式将这些问题串起来，用于指导学生的探究，促进学生素养的构建。

探究式学习的过程离不开与他人的互动与沟通，因而，探究的过程同样也是合作交流的过程，是一种对话式的实践过程，是参与探究活动的学生，针对探究的主题或是某一问题，与同伴、老师展开合理的对话，促进问题解决的思维过程。对话的过程同样需要教师运用教学的智慧，进行科学合理的引导。在学校教育教学过程中，教师需要在程序性学习的基础上，对探究式学习方式给予适时引导，通过探究性学习，培养学生问题的分析能力及解决能力，从而促进学科核心素养得到锻炼。

二、核心素养理论的教学意义

核心素养是对教学目标及任务的科学化与具体化，是新的时代背景下对教育所培养人才的美好憧憬。对于教师而言，核心素养的提出为他们的教学指明了方向，他们更关注的是如何在教学中达到核心素养的培养目的。而对于核心素养理念的教学意义的认识和理解，也需要教师对其有一个客观且全面的认知。

（一）现实意义

首先，核心素养理论是教学目标的科学化和具体化，为课程的设置指明了方向，成为课程设置的重要依据。对于传统教学而言，课程内容的设置一般是教师根据学科逻辑来确定，针对学科特点及知识结构，以学科发展逻辑为主线而设定的课程内容，教材编撰在路径的选择上相对明确。但是随着时代的发展及教育改革的进行，课程设置在内容的选择上也更为丰富，难度也逐渐提升，但是对于学生的发展价值没有确切的保障。

教育的根本在于促进学生的能力与品质的发展，显然，传统的课程设置并不能很好地促进教学目的的达成，这就需要教师及教育工作者转变教育理念，更新课程设置观念，将知识在学科中的意义，转向知识在核心素养培养中的意义作为课程内容的确定依据。也就是说，课程内容的设置需要围绕最大限度地促进和提升核心素养相关的一系列知识，只有这样，才能免去不必要的、对学生成长意义不大的课程内容，从而在有限时间内获得更多、更有价值的知识，调和教学时间有限与知识学习无限之间的冲突。

在核心素养理论的指导下，课程内容的确定与教材编撰也将发生根本的变化，主要表现为从过去单纯以学科知识体系为依据的路径，转变为以促进学生核心素养的形成为依据的路径，这既符合现代教育的根本目的，也更有利于促进学生的发展，能够为学生的发展提供有力保障。由此足以证明，核心素养是课程内容选择的重要依据。在此基础上进行的课程内容的设置、教材的编撰等，才更有教育价值及意义，从一定程度上来说，这是课程理论与实践的创新与突破。

其次，核心素养理论指导教师的课堂教学。在教育改革的不断推进中，核心素养的提出，顺应了教育改革的趋势。在核心素养理论的引导下，教师不再沉浸于厚重的书本、疲惫于繁重的练习，也不再纠结于成绩的好坏，而是透过书本和成绩，看到教育的实质，即人的发展，以及教育育人的目标。尽管分数一定程度上能够反映学生对知识的掌握及运用能力，但这并不是教育的终点，教育应该在保障学生掌握知识的基础上，促进学生能力的提升及全面发展。目标是前提，教材是辅助，学生是核心，只有这样，才能保证教育发展的正确方向。从知识本位转向核心素养本位，是课程改革的质的深化与升华。

（二）超越性意义

核心素养理论的超越性意义，主要体现在以下几方面。

首先，教学具有教育性意义。教学的意义在于向学生传授基本的文化或内容，并让学生掌握。由此可见，教学必然涉及教与学的过程。也就是说，教学必须借助某种文化内容的习得，即学力的形成，同作为生存能力的人格的形成，即教学的教育性的形成联系起来。基于核心素养的定义，其既包含关键能力，也重视必备品质，因而，核心素养理论对于教学来说有着积极的意义。

其次，教学的过程是向学生传授知识与技能的过程，从一定程度上来说，也可以理解为是向人传递生命气息的过程。无论基于哪一种理解，人都是教学的关键，人的发展才是教学的价值所在。因而，对于学校教育来说，课堂教学是学校教育最主要的形式，理应顺应时代发展的要求，尊重学生个体，将学生的发展视为教学的价值所在。从这个意义上说，教学目标的达成，不应该只是教学方法、技术层面的改变，其关键在于教育观念的变革，即尊重学生的个体性，要让学生成为真正的自己，而非被概括、被物化的抽象人。这也是教学的教育性的体现。

再次，教学具有在场性意义。在教学活动中，教师的教与学生的学是相互统一的，是教学过程中很重要的一组关系。而相比之下，学生的学更应该得到重视与强化。也就是说，教师的教，是为了学生更好地学，教是为学服务的。建构主义学习理论认为，学习是对知识的意义建构过程，而这不是依赖教材和教师所能够实现的，必须通过学习者自身的努力才能达成。也就是说，学生个体是关键，即教学必须要学生"在场"，才能真正发生。学习离不开学生自我的参与，否则，学习活动便不会发生。

核心素养理论重在学生能力及品质的培养，引导学生通过自主学习去发现知识、解决问题，并把发现了的知识通过"经验的能动的再建或者统整"视为真理。这种被视为真理的知识，被英国哲学家波兰尼谓之"默会知识"。这种知识的获得，意味着"在场"学生对知识的真正学习和理解。

最后，教学具备交互性意义。教学应是师生双向互动的过程，而非教师的一言堂，这是传统教学活动亟待解决的问题。核心素养理论的提出，符合现代教育的要求，强调学习共同体的创建，意在教师与学生间形成多维互动的关系，促进师生间、学生间的交互。不仅如此，它还强化了个人知识和学科知识的互动，使教学过程成为知识创造的过程，从而使得知识的学习更加灵活，也为学生综合素质与能力的培养营造良好的教学环境。

三、核心素养理论对物理教学的意义

教学活动的开展离不开教学主体、教学对象，以及教学媒介的参与。也就是说，任何一项教学活动，除了教师与学生这两个主体外，还需要借助教材及教育等其他媒介的配合才能实现。这也就意味着教学活动是师生双方交流互动的过程，在这个过程中浸润着对话性实践。所谓的对话，其形式是多样的，既有同客观世界对话，也有同他者对话，还有自我对话，与之相应形成寻求建构世界、建构伙伴、建构自我的对话性实践。具体到物理学科的教学，核心素养理论的意义体现在以下几方面。

（一）核心素养能够深化物理教学的人文性

任何学科知识就其结构而言，都有表层和深层之分，与之相应的便是表层意义与深层意义。对于物理学科而言，构成表层结构或意义的为物理学科的内容，包括概念、命题、理论内涵、意义等，而深层结构蕴含在物理学科知识内容和意义之中的精神、价值、方法论、生活意义（文化意义），这也是学生素养形成和发展的根本。

中学物理一直以来被许多人视为科学探讨的学科，且一直存在着科学主义的倾向，导致一部分教师过于注重这一学科的科学性，而忽略了学科的人文价值。在教学中，过于强调科学的理论、思想和方法，也过于注重对科学的功能和效用的阐述。与此同时，存在的另一个问题是将物理学科视为孤立的学科，将其与其他学科割裂开来，忽略了将物理知识与科学精神、人文精神相联系。

而在物理教学中融入物理学科核心素养，其目的便是要在物理教学过程中，兼顾学生知识的积累与综合素质的培养，将学生综合素质的养成和提升作为教育的最终目的，而非单纯地以"知识为本"。由此可以看出，物理学科的教学已较之前发生了很大的变化，不再仅仅是让学生掌握一定的物理知识和能力，更主要的在于对人的精神品质、思维方式的养成和提升。物理不再是一门单独的学科，对于物理学科的教学，要从物理文化的视角，引导学生去看待、认识物理学，发掘物理学的文化价值、教育价值，以更好地实践教学育人的理念。

核心素养便是立足于人的教育，真正从文化的角度来思考教育、定位教育，进而引导教育走向立德树人的道路。苏格拉底拥有渊博的知识，但他并不直接向他的学生传授真理；相反，学习者是在他的帮助下，凭借直接的力量去探索，进而获得真理。

钟启泉教授在《课堂转型：静悄悄的革命》中强调："要实现从'灌输中心教学'向'对话中心教学'转变。"从中也可以看出学习者自我探究的重要性。这就要求，在物理教学中，要转变知识、原理的灌输式教学模式，积极推进体验式教学，让学生在"体验"的基础上，通过合作与对话，以自主探究的方式促使学生学习的真正发生。任何事物之间都存在联系性，物理学也不例外。物理不仅与其他学科间存在着千丝万缕的联系，与人们的日常生活也是密切相关的，学生在生活中以自我体验的方式获取着或对或错的"物理知识"，这些知识被坚硬的外壳包裹着，导致学生无法真正内化，这就需要通过教师的帮助。

如果教师采取传统的讲授或演示的方式，将知识直接灌输给学生，对于学生而言，即使掌握了知识，可能也只是"知其然不知其所以然"，无法将其内化为自己的知识，也无法形成相关的能力和素养。这就需要教师转变教学方法，从学生的主体性出发，充分发挥学生的能动性。这也符合核心素养理论的要求，强调从教书到育人的转变，重在引导学生自己的体验，去发现知识，并将所发现的知识，经过"经验地能动地再建或者统整"。这一过程，体现了核心素养中的过程与方法要素，凸显了对生命成长意义的经历，真正实现了学习方式由被动向主动转变。

（二）核心素养能够增强物理教学的互动性

课堂教学是当前学校教育的主要形式之一。任何一门学科的教学过程，都离不开教师、学生、教学内容及教学环境的参与。这也是构成教学的四大要素，各要素间相互联系、彼此制约。教学活动离不开教师的教与学生的学，因而教与学、教师与学生是教学活动诸要素中最为主要的，也是受多重关系的影响和制约的。

一般来说，人们对于教学中师生关系的理解，往往都会简单等同于教与学的关系。殊不知，师生关系并不仅仅如此，除了教师的教和学生的学这一层关系，其范围还可延伸至教学内容，教和学的方式，以及教师与学生的个性等。教与学虽为课堂教学中的两种不同活动，但二者是相互联系、密不可分的统一体，共同存在于教学活动之中。物理教学中，师生间的对话、交流、活动均是学习共同体的重要特征。

这一点也符合核心素养理论强调学习共同体的创建要求。意在通过师生间、生生间的交互作用，让个人知识与学科知识在对话交互中实现融合，进而促成知识的内化，使核心素养融于教学，在教学过程中得以培养和提升，与此同时，促使教学过程成为知识的创造及真理的发现过程。

　　物理教学中师生共同体的创建，有助于教学过程中师生的对话与互动，从教师角度来说，教师不再是知识的传授者，而是学生学习的合作者，教师将自己对教学内容的理解、认识与学生分享；在互动过程中，学生展示自己的学习体会，提出问题进行质疑。通过交流与互动，学生参与性更强，教师能够获得更多的对学生的了解，这样更有利于对教学内容的深入探讨，在讨论交流中，相互启发、互除疑虑，真正做到教学相长，既促进了友情，也培养了合作意识，获得了能力和品质的提升。

　　由此可见，物理课堂教学的互动，是培养核心素养的重要方式。

第二章 物理教学基本要素

第一节 物理教学技能

伴随时代的发展与变革，现代意义上的教学技能也发生了根本性的变化，教学技能在过去一直被简单地视为单纯的教学能力，而现如今，现代教育理念下的教学技能的概念也延伸了，向着以心理学为依据的现代教学技能发展。教学是一个复杂的过程，也可以将其视为构成并影响教学活动的一系列要素所形成的一个复杂系统。这一系统，既是知识表征系统与教学操作系统的整合，也是以教学操作知识为基础的心智技能与动作技能的统一。无论哪种技能，都包含着陈述性与程序性知识两个方面，且存在着由陈述性知识向程序性知识的转换。

一、物理教学技能的结构

（一）课堂教学技能概述

教学技能，与教师的教学行为有着直接的关系。对教学技能的划分，从某一角度来说，也可以是对教学行为的划分。即将课堂教学行为分解为各个部分、各个方面，逐一认识它们的属性。在辩证唯物主义观点的指导下，还应该将分解后的各个方面联系起来，从普遍性的内容中抓住主要的部分，做到从特殊中把握一般，从教学现象发现教学本质。教学技能，有基本技能和综合技能之分，基本技能包括语言技能、提问技能、讲解及演示技能、板书技能；综合技能包括课前导入技能、课堂组织技能、评价技能等。对教学技能的划分，其意义在于：

　　首先，通过对教学技能的划分，能够加深教师对教学活动的理解，便于教师清晰地认识课堂行为的各部分、各环节的操作性及相应的要求，以及技能提升的方向。由此可见，技能的划分不仅有助于改进师资培训，提高教师的综合素养，更有利于课堂教学效果的提升。在传统教学模式的束缚下，我们对于课堂教学的认识局限于教条式的教学原则，以及抽象的教学方法上，故而无法很好地用于指导教学实践，对教学技能无改进作用。

　　其次，对教学技能的划分，有助于强化教学技能培训的针对性，使得教学技能的培训更加科学化和有序性。对于课堂教学来说，教学技能不仅是科学的，更是艺术的，如教学技能中的语言技能，语言本身就是一门艺术，对于这门艺术的掌握，能够让课堂讲课变得生动，也只有生动的课堂，才能调动学生学习的积极性和学习的兴趣与热情。

　　教学是科学性和艺术性的统一，但教学的前提离不开基本技能的掌握，只有建立在一定的基础技能之上，才能够实现质的提升。这就需要对教学行为进行分析，对教学技能进行总体的把握。这样，便于在技能的训练中，遵循由浅入深、由易到难的原则，这也符合人类学习的基本原理。通过这种集中、有序的训练方式，就完全有可能促使教师以微观目标的渐进，获得复杂的教学技能。由此可见，科学、恰当的教学行为的分类，对于教学技能的培养与提升起着至关重要的作用。

　　最后，科学的教学技能及行为的分类，便于对教学过程做定量的观察分析。教学技能贯穿于课堂教学的整个过程，过去人们对于教学的评价，往往依赖于主观感受、经验，这种评价方式受主观因素的影响较大，评价很难做到客观、准确，评价结果的有效性及真实性都存在较大的疑虑。因而也很难发挥出评价的应有价值。而对教学行为进行科学、恰当的划分后，对于课堂教学评价的内容便有了参考的依据，不同的教学行为对应着相应的评价。这种在定性分析的同时，兼顾定量性的精确评价，与此同时，再借助先进的评价手段，如计算机统计分析技术，使得教学评价更加科学化，教师教学技能的培训也从经验型的师徒传授式，走向科学化、规范化的系统化之路。

（二）物理课堂教学技能

技能可视为一种知识和能力的统一体，一般来说，技能是指人们依据一定的规则和程序，具备操作相应技术的能力。技能的形成，同时受到个体生理和心理活动的影响，其在生理和心理的共同作用下，依据一定的规则或程序，在反复练习的基础上所形成，通过人的外在的比较固定的活动方式表现出来。由此可以看出，技能的提升与后天的努力是分不开的。

对物理教学技能的分析，可以结合教育心理学关于"技能"的相关研究，以及物理教师的特点。对此，笔者认为，物理教学技能是指教师在一定教学理论的指导下，经过长期的物理教学实践，所形成的能够准确、娴熟地开展课堂教学，及时、有效地完成教学任务的一系列教学活动方式的总称。物理教学技能是物理教师所必备的技能，是保证物理课堂教学顺利开展的前提，也是教师完成教学任务的必备条件。教师具备一定的教学技能，对于学生学科知识的掌握、思维的开发、情感态度的养成，以及个性的发展等都会产生直接的影响，也是影响课堂教学效果、全面实现教学目标的重要因素。

二、中学物理教师应具备的重要教学技能

（一）教材分析技能

教材是依据课程标准编写的科学文化知识的载体，是教师实施教学的主要依据，也是学生获取知识、发展能力、培养品德的重要来源。分析教材是教师的基本功和基本素养，是备好课、上好课的关键，是进行教学设计的第一步。教材分析的过程，也是增长专业知识、促进教学修养的过程。教材分析的步骤如下：从分析教材的地位和作用入手；分析教材的内容和结构，明确教学知识目标、重点和难点；挖掘教材的科学方法、能力培养因素；挖掘情感态度价值观因素，分析教材中的学习心理问题；选择适当的教学方式或提出合理的教学建议。

（二）导入技能

导入是教师在新的教学内容或活动开始前，引导学生进入学习的行为方式。

1. 导入的功能

集中注意（要使学生在课间的兴奋中转移到课堂中来，首先要集中学生的注意力）；激发兴趣；明确目的（让学生直接或间接了解本节课的学习目标）；联结知识（衔接新旧知识）；沟通感情。

2. 导入技能的类型

创设物理问题情境是导入技能运用的关键。如何创设物理问题情境？如何处理教材中提示的物理问题情境？如何与学生的日常生活经验联系起来？显然，导入技能的运用有多种方法。下面介绍中学物理课堂教学中常用的几种导入方法。

（1）直接导入

直接导入是一种最简单、最常用的导入技能，主要是教师运用教学语言，直接阐明学习内容，明确学习目的和学习程序与要求的导入新课的方法。

示例 1：在讲授"光的直线传播"时，教师可以这样设计导入。

教师：在日常生活中，我们经常看到从汽车前灯射出的光束是直的，城市中心广场的探照灯射出的光束是直的，警察和战士射击瞄准时要求的"三点线"也是直的，这些现象说明光在空气中是沿直线传播的。

（2）经验导入

经验导入是指以学生已有的生活经验为出发点，通过语言描述或提问的方式引起学生回忆，或者通过演示再现生活经验，引导学生发现问题的导入方法。

示例 2：在讲授"物体的浮沉条件"时，教师可以这样设计导入。

教师：在日常生活中，我们可以看到这样的现象，一个铁球会沉入水底，而铁制的万吨巨轮却会在水面航行。此处由"铁球"抽象到"物体"，那么决定物体浮沉的条件是讲述的关键。

（3）实验导入

实验导入主要是指教师通过演示实验创设物理问题情境引导学生进入学习状态的一种方法，也是中学物理课堂教学中常用的方法。

示例3：在"大气压强"知识教学中，教师通过"覆杯"演示实验，展现大气压强的存在。

教师：请同学们仔细观察，这是一个装满水的普通玻璃杯，现在我用一张硬纸片盖在杯上，然后将玻璃杯翻转过来，请大家注意观察，水会不会从杯中流出来？（演示实验）为什么一张薄纸能够托住这满满的一杯水？

（三）讲授技能

讲授能在较短的时间内，简洁地传授大量系统的知识；可以方便及时地向学生提出问题，指出解决问题的途径；可以使学生领会教材中微观的或抽象的内容；可以为教师传授知识提供充分的主动性。讲授按其内容的认识特点可分为四种类型：说明式、描述式、原理式、问题解答式。其中，说明式主要包括对教学活动的对象、活动方法、活动目的的说明，以及对简单事实性知识、术语的说明和简单物理现象、事物及活动的说明。例如，"G"表示物体受到的重力，"△t"表示一段时间间隔。描述式则是对物理事实、现象、过程用语言进行形象的描述，是提供问题背景和讨论前提的重要手段。原理式讲解在物理教学中通常是对物理概念和物理规律的讲解。

对于讲授的内容而言，首先，要明确讲解的目标，要求越具体，越容易组织讲解的内容。其次，讲授的过程和结构要合理，条理清楚，逻辑严密，层次分明。讲授内容要重点突出，要有明确的主线。讲授要有针对性，要考虑学生的年龄、兴趣、性别、知识水平、能力基础，要清楚学生已有的知识背景。最后，如果从教师运用讲解技能的角度考虑，在讲解过程中，教师的语速要适当，语音要清晰，语调要抑扬顿挫，音量要适中，语义要准确。

考虑到讲解的效果，一次讲解的时间不宜过长，大段的讲解可以分为几段来处理。在涉及讲解的重点和关键时，要注意节奏的把握，采用提示、停顿等方式加强变化。当然，讲解要想取得实效，也必须与其他教学技能配合使用。

（四）提问技能

提问技能是教师提出问题或引导学生质疑发问，引起学生积极思考，促进学生参与学习、理解和应用知识，了解学生的学习状况的一类教学行为方式。对于课堂提问的目的，G.布朗认为，教师在运用提问技能时，首先应当明确"为什么要提问？怎样提问？提问些什么？"这些涉及提问的设计问题。显然，学生已有的知识背景是提问的基础。在物理教学中，教师运用提问技能时首先应当明确提问的设计。①在课堂教学中，教师针对学生的思维特点有计划地提出问题，从而引发学生积极主动地思考，引导学生进行主动探索。②提问的过程就是揭示矛盾和解决矛盾的过程。通过矛盾的解决，使学生逐步认识事物，抓住问题的本质。③在物理教学中，问题的设计通常是以旧知识为基础的，通过提问可以督促学生及时复习巩固知识，并将新旧知识联系起来，从而系统地掌握知识。④通过提问可以集中学生学习的注意力，激发学习的兴趣，活跃课堂气氛，并培养学生的语言表达能力。⑤对教师而言，通过提问能够及时了解学生的学习情况，获得改进教学的反馈信息，进行有针对性的有效教学。对学生而言，提问是鼓励学生积极参与教学活动，强化学生学习的过程。如"重力"教学中可以提出的四个核心问题：

1. 你对重力有哪些了解？（综合）
2. 如何给重力下定义？（概括）
3. 垂直向下与竖直向下的区别是什么？（比较）
4. 猜想重力的大小可能跟哪些因素有关？（猜想）

（五）演示技能

演示是教师在传授知识时结合有关内容讲解，把各种直观教具及实验等呈现给学生观看，把所学对象的形态、特点、结构、性质或发展变化过程展示出来，是用媒体传递信息的行为方式，说明事物的特点和发展变化过程，使学生获得感性认识的一种教学活动方式。如通过实验演示鸡蛋在盐水中的浮沉现象，总结出物体的浮沉条件。演示一般分为实物标本和模型的演示、实验的演示、挂图演示、多媒体演示等类型。演示的主要特点是直观性强。

第二节　物理课的类型

一、物理课类型概述

对于物理课的划分，主要是通过具体的教学任务而进行的。掌握物理课的类型，有助于教师把握每节课的教学任务，对于本节课在整个教学体系中的地位和作用有一个清晰的认知，从而保证教学的系统性。这对于学生的学习同样具有一定的促进作用。因而，对于物理课类型的正确划分，是很有必要的。

首先，作为一门学科，知识的传授是基础，因此，以新知识的传授为主要任务的新授课是物理课的基础课。而基于物理学科的科学性，实验课也是必不可少的，它能够锻炼学生的动手能力和思维能力。此外，物理课的类型还应该包括以巩固知识为目的的复习课，以检查学生知识技能为目的的习题课。

其次，对于一节课来说，往往并不是单纯地以一种类型为主，而是多种类型的综合。尤其是对于中学阶段的孩子来说，一方面学生的有意注意时间有限，这个时候就适合在一堂课中，集中完成几项教学任务。通过交叉教学的方式，不仅能够完成既定的教学任务，还能最大限度地使学生保持学习的积极性与热情，提高教学的效果。综合型的教学并不仅限于低年级阶段的学生，对于中高年级，也可以根据教学的实际情况合理安排。

最后，根据物理学的特点，掌握物理课的结构及教学顺序。课的结构即构成一堂课的各组成部分及相互间的顺序与时间安排。由此可以看出，课的结构并不是固定不变的，而是同课的类型有着直接的关系。不仅如此，即使是同一类型的课，在不同的时间、面对不同的群体，也会产生不同的结构。不同的教学结构也会形成不同的教学顺序，对于物理课来说，其一般的教学顺序包含以下几个方面。

一是组织教学。教学组织是开展教学活动的前提。对于任何类型的课来说，教学组织都是必不可少的一个环节。其目的在于让学生尽快从课前松弛的状态进入紧张的学习情境之中，在于让学生从生理和心理上做好听课的准备。组织教学的内容和方法都不是固定的，可针对自身习惯和实际情况灵活选择。一般来说，组织教学需要创造一个适合学习的氛围，课堂内外最大的不同便在于课堂应该安静而有秩序，组织教学便是要维持这种环境和秩序，这样才便于学生快速进入上课的状态。此外，组织教学除体现在上课伊始，教师通过目光的扫视对班级基本情况的了解，检查出勤和书籍文具的准备情况外，还可以通过教师自身涵养、人格魅力等达到最好的课堂组织教学的效果。

二是检查复习。检查复习的目的有两个：其一是巩固已学知识，强化记忆，加深理解；其二是为正式教学做好铺垫，这也是检查复习承上启下作用的体现。通过检查，一方面督促学生及时复习已学知识；另一方面，促使学生养成对课业的责任感。检查复习的内容并不局限于上一课时的教学内容。对于教师来说，一般会选择与所讲新知识有联系的教学内容，以便顺利导入新课。检查复习的方法是多样化的，教师应该结合学生的特点及教学需要合理选择，如口头问答、书面测试等。

三是讲授教材新内容。一般来说，教材是知识的载体，当前，学校教学活动的开展都是以教材为基础，围绕教材而展开的。讲授教材新内容，即是向学生讲授新知识。这是课堂教学的重点，一般的原理、概念、规律等，都需要在课堂上向学生讲授。对教材新知识的讲解，需要掌握一定的方法技巧，这样才能调动学生的积极性，激发其学习的欲望。通常，教师可以在新课讲授前，让学生明白所要学习的教材内容的意义和作用，以便于学生的认可并接受。在讲授过程中，保证知识的紧密性，突出重点、难易得当，同时根据内容及学生的特点，辅以恰当的教学方法，促进学生思维能动性的开发。

四是巩固已学内容。巩固已学内容一般是在讲授新课知识点之后进行的。一般通过复述、提问、练习等方式进行，一方面是对所讲内容进行适当的延伸或补充，帮助教师了解学生对知识的掌握情况；另一方面，能够加深学生对当堂所学内容的印象与理解，实现知识的内化，从而掌握运用新知识解决问题的要领，为下一环节的练习奠定基础。

五是布置课后作业。除了巩固已学知识外，还在于培养学生独立学习的能力和习惯。课后作业的布置要遵循科学性和合理性原则。作业的内容要丰富多样，既能体现所学知识，也要保证难易适度，以对学生的能力起到一定的促进作用。作业不可贪多偏难，而应该根据学生的特点和能力适当调整，以保证完成的效率。

二、中学物理课堂类型

对课堂类型的掌握有助于教学活动的有效开展。因而，在物理教学中，教师熟悉基本的物理课堂类型很有必要。

在我国长期的教学实践中，班级授课一直都是各科教学的主要形式。组成班级的学生年龄是相仿的，认知水平也相仿，人数也控制在一定的范围内。班级授课的内容，一般是以教材为基础，围绕教学大纲和教学计划所设定的内容，按照学期划分为若干小的单元，并在规定时间内完成。物理学是一门特殊的学科，物理教学目标的完成，既受物理教学内容的质量、深浅程度、知识的关联性影响，又受学生原有经验、知识水平和心理品质因素的限制。因此，在物理教学的各环节，对物理某一知识的掌握，需要经历一系列过程，从感知物理现象到认识物理状态，从对物理状态的观察中，分析其变化的条件，在此基础上建立相应的物理概念或模型，进而寻找并总结规律，掌握运用规律解决实际问题的技能。这就要求物理教学在不同的阶段，应该遵循因材施教的原则。

然而，在具体的物理课堂教学实践中，不同的课型在教学程序和时间分配上是可以灵活变动的。具体需要根据教学的内容状况和教学对象的实际，只有这样才能保证理想的教学效果的达成。根据教学任务的不同，可将物理课堂分为以下几种类型。

（一）单一课

所谓单一课，是指一个课时内只完成一项教学任务。单一课对于我们来说并不陌生，它是教学中较为常见的一种课型。

1. 新授课

新授课是以讲授新知识为主。对于物理概念的初步建立、物理规律的了解，乃至运用规律解决物理实际问题的能力、方法、技巧等都需要通过新授课的形式开展。物理教师在进行新授课的教学时，必须做好充足的准备，制定明确的教学目标，围绕目标选择合适的教学方法。只有这样才能保证教学任务的有效完成。例如，对新的物理概念的教学，需要创设情境，以引导学生通过观察新的物理现象，联系已有的概念，抽象出新的物理本质，明确新的内涵和外延，进而得出结论，掌握新的物理研究方法。

2. 实验课

对物理概念、规律的知识建构，通过实验的方法，学生的理解更加深刻。实验课，即是以实验为主的课型。物理实验课一般是在教师的指导下，由学生运用已有的知识独立完成仪器操作的教学形式。实验课的目的在于锻炼学生的思维和操作能力。通过独立实验，能够促进学生科学探索精神的养成。目前实验课一般通过两种形式开展，一种是学生分组实验，另一种是讲与练同时进行，即所谓的边讲边实验。传统的物理实验教学，通常都是学生在教师的指导下进行，学生对教师的依赖性较强，严格按照教师的步骤进行。教师对学生的这种过多干预，严重影响了学生的思维及能动性的发挥，阻碍了学生科学探究精神的形成。

科学家爱因斯坦之所以成功，就在于他的思想没被禁锢，在物理世界中自由探索。物理教师也应该本着这种精神，鼓励并引导学生在理解实验原理的基础上，围绕实验主题，发挥思维的能动性，大胆创新，勇于探索。通过这种方式来培养学生的实验精神和实验能力，进而增强其独立分析和解决实际问题的能力。

此外，物理实验教学的形式，也应该尽可能多样化。物理教师在进行实验课的教学时，要结合教学的需要和学校的条件，选择合适的实验课形式，以最大限度地为学生创造实验及科学探索的机会。任何形式的实验课的开展，一般都包含着以下三个阶段。

（1）准备阶段

充足的准备是进行实验的前提，能够保证实验的顺利进行。实验前准备不充分，势必影响实验的有效性。所以，准备工作必不可少。对于学生来说，准备阶段需要做好以下内容：明确实验目的和要求，掌握基本的实验原理，了解实验仪器的性能及操作规范，熟悉实验装置结构。基于此，提出实验方法，设计实验步骤和实施措施，制定讨论提纲。

（2）操作阶段

操作阶段是实验的核心环节，实验操作步骤的准确与否，与实验效果有着最为直接的影响。实验操作阶段的主要任务是通过实验的进行，获得实验数据，并观察实验现象，在现象的变化中探索规律，从而提高实验水平。在学生进行实验操作的阶段，教师不应该过多地干预，但必须做好巡视，一方面，发现学生在实验操作中的失误，进行适当的指导，使其及时改正；另一方面，对于学生在实验中的创造性行为，也应及时提出表扬。

（3）总结阶段

这是实验的最后阶段，是对实验现象和结果的总结。一般来说，总结阶段的开展，既可以围绕学生在实验中的表现，主要是对创造性的表现进行总结，也可以是学生自发地对实验现象和结果的分析和讨论。例如，分析实验成功或失败的原因，讨论是否还能设计其他实验方式来完成同一实验任务。

3. 边讲边实验

近代教育理论研究表明，教学效果与学生的兴趣有着直接的关系。兴趣浓厚，学生学习的积极性就强，能动性的发挥也就更充分，所以，调动学生兴趣是关键。实验教学的优势就在于能够激发学生的好奇心和探索欲。物理教师应该给予学生充分的实验机会，尽可能地为学生创造动手、动脑的机会。为此，边讲边实验的教学形式便应运而生。

边讲边实验是指在物理课堂教学中，学生一边听老师讲与实验相关的理论及知识，一边在老师的指导下进行实验操作。通过抽象知识与具体实验的结合，在观察物理现象的基础上，建立物理概念或导出规律，学生对于知识的理解更加深刻。这一教学形式，符合现代教育理念对学生主体地位的要求。边讲边实验对教师能力提出了较高的要求，作为教师，需要做好充足的准备。

首先，在边讲边实验的教学之前，教师要明确实验教学目标及任务，立足于学生实际，将实验内容、原理及方法、步骤、操作注意事项等，转换成启发性的问题，以引导学生思考。并同讲解、讨论、动手操作紧密结合起来，使学生每做一步实验都围绕实验目标、实验任务，并自行讨论探索。

其次，教师需要设计引导学生实验的一系列问题，这些问题的设置，必须与学生实际相结合，能够激发学生的兴趣，对学生的思维有较好的启发作用，同时，还要能调动学生动手操作的积极性。此外，教师还应该考虑到突发问题的应对措施。再次，实验仪器的准备要充分，检查仪器的质量与安全性。教师还应该善于利用身边的资源，鼓励学生发挥思维的创造性和能动性，自制简易仪器。这样既锻炼了学生的思维，也满足了学生的成就感，学生用自制仪器进行实验，积极性更高，效果自然也就更理想。最后，教师需要根据学生的情况，选择合适的方法，对学生进行科学的引导和帮助。

4. 练习课

练习的目的在于学以致用。这也是学习的终极目标所在，因此，练习课对于物理教学极为重要。对所学知识的练习，一方面具有巩固知识的作用；另一方面有助于培养学生知识迁移能力，将理论知识的学习转化为运用知识解决实际问题的能力。物理练习课的开展，能够巩固学生的物理知识，训练学生的物理技能，培养和掌握解决物理问题的思维和方法。

5. 复习课

复习课，是对前一阶段所学知识的巩固。依据心理学家艾宾浩斯的遗忘曲线理论，适时的复习能够缓解遗忘。因而，复习课的开展，便是针对学习过程中的遗忘现象采取的一种教学形式。通过复习，加深学生对所学知识的记忆，深化对物理概念、定律的理解，对所学内容进行前后联系，建立知识间的联系链。

针对遗忘规律开展的复习课，一般可分为两大类，即平时复习和阶段复习。平时复习可贯穿于物理教学的一般过程之中，不局限于固定的时间和场合。只要是物理教学，都可以引导学生进行知识的巩固与复习。作为物理教师，可根据物理学科的特点以及学生的实际情况，制订科学合理的复习计划，灵活选择复习的内容和方式。例如，可以在讲授新课的时候，引导学生回忆与新课内容相关的旧知识，达到温故而知新的效果。

阶段复习可在一个单元、学期中或学期末任何一个阶段进行，也可以综合进行。不同的阶段，教师要根据教学的内容和任务要求，以及学生的学习情况，有针对性地选择复习的内容，以照顾到不同水平层次的学生。阶段复习可选择在一单元学习之后，或是一个学期的期中、期末，根据学生及教学的实际情况，组织一节或数节课用于物理知识的复习。

在复习教学过程中，应该注重对重要物理概念、定律的强化，培养学生知识迁移、解决实际物理问题的能力，以及物理学习方法的掌握，从而增强学生对所复习内容的理解，以形成对知识结构的新的认知。无论是哪个阶段的复习形式，都应该遵循循序渐进及联系的原则，从知识内在联系的角度，引导学生主动构建知识间的联系体系，实现知识的迁移与延伸。

在知识体系中，教师首先要引导学生根据构成知识体系的各部分在整体结构中的地位，给予不同程度的巩固和强化，以达到吸收和内化的目的。在此基础上，还需要培养学生应用物理工具（物理模型、实验设备等），掌握物理方法，熟练技巧，进而实现运用知识解决实际问题的目的。

判断复习课的效果可借助以下问题来衡量，即物理基本概念、规律是否理解并掌握？是否形成散在知识间的内在联系？知识的整体结构是否形成？等等。如果这些都实现了，学生的物理学习方法与能力也将会得到提升。

6. 教学参观

当前我国学校教育的主要形式是课堂教学，但课堂教学的时间和空间都是有限的，加之日复一日固化的教学模式，学生容易产生疲劳。教学参观能够带给学生焕然一新的教学体验。教学参观，又称为现场教学，它是课堂教学的补充和延续，是教学理论与实践结合原则的主要形式。对于高中阶段的物理教学参观来说，其一般都会安排在某一部分内容的学习之后，一方面，能够强化学生对物理知识实用性的认知，加强学生对知识与实际的联系，拉近物理与生活的距离，便于激发学生的学习动机和兴趣；另一方面，通过在实践中的运用，达到巩固知识、加深理解、进而促进知识的迁移与运用的目的。

为了提高教学参观的效果，参观对象的选择要符合学生的学习水平和认知能力，既要能够激发学生的参观热情，还要便于学生直观地看到体现相应物理现象、定律、原理的各装置和部件。除此之外，还要充分做好教学参观的准备。

第一，教师要提前做好踩点，了解参观对象的基本情况，以及就相关事项进行了解、分析和研究；第二，要与参观对象方就相关问题达成一致，尤其要与技术负责人充分协作，实现物理教学内容与参观对象的协调，在技术术语与物理术语间建立联系，为教学参观减少阻力；第三，制订参观计划，提出总结提纲，考虑好讨论方案，选定教学程序和实施措施。

（二）综合课

与单一课相对的是综合课，它是在一节课内同时进行多项任务的教学。这种课型一般适合于教学内容相对简单、不需要花费一整节课就能完成的情况，或者根据教学的需要，同时进行几项教学内容的学习、同化、强化、活化的任务。从学习者的角度来看，如果学习者年纪较小，有意注意意识不强，注意力很难长时间集中于一个目标上，这个时候通过不断转换教学内容，就能够很好地刺激学生的意识，以维持注意力的集中，收到较好的教学效果。

在综合课的教学中，可采取以问题为导向的教学方法（problem-based learning，PBL），即为解决一个实际问题而查找资料获得一些必要的专业知识，然后以小组的形式相互交流，获得知识，并讨论如何用所获得的知识解决问题。在讨论过程中还可能出现新的问题，学生就需要反复循环地进行查找资料—交流—讨论，直到问题得到解决。

第三节 高中物理教学中存在的问题

基本的物理概念、规律及简单的物理应用方法等是高中物理教学的基本内容。通过对这些基本知识的学习，有助于学生对物理学科的了解，为进入高一阶段的物理学习打下坚实的基础。在教育现代化的背景下，我国加快了教育改革的步伐，物理教学的改革也在进行着。无论是学校还是教师，都应该树立改革的意识，以现代教育理念为指导，打破传统的高中物理教学模式，改进教学中存在的现实问题，为提升物理教学效果、培养优秀的物理人才做好充分的准备。

一、高中物理教学特点

一方面，作为一种教学活动，物理教学具备一般的教学活动的基本特征；另一方面，基于物理学科自身的特色，物理教学又有其特殊性。具体表现在以下几个方面。

（一）以观察和实验为基础

物理是一门科学性和实践性都较强的学科，科学性源于实验，实验离不开观察，因而，观察和实验成为物理教学的基本特征，在物理学的形成和发展中发挥着重要作用。物理研究中的观察和实验方法，影响并制约着物理教学过程。因而，物理教学离不开观察和实验。观察和实验，是学生透过物理现象获得感性认识的前提，它为学生进行物理思维、实现从感性认识到理性认识的飞跃提供了必要的手段，有助于学生对物理知识的建构。观察和实验是物理教学的基础，教师要有意识地利用它们来组织教学，激发学生学习物理的兴趣。通过这种方式，有助于锻炼学生的观察、思维及动手操作能力，这也是学生思维能力及实验能力提升的基本途径和重要手段。

高中物理新课标明确了对学生观察能力及实验能力培养的要求，要求学生"知道实验目的和条件、制订实验方案、尝试选择实验方法及所需要的实验装置和器材、考虑实验的变量及控制方法"；要求学生"动手做好实验并重视收集实验数据，要充分体现学生自主性和时代特征"。与此同时，对教师职责也提出了相应的要求，即要求物理教师做好演示实验，指导并鼓励学生多做课外小实验，提高动手能力；学以致用，以实现知识的有效迁移和转化，激发学生的探究欲望。

（二）以概念和规律为中心

物理概念和规律是物理学科的灵魂，是物理学习的根基。因此，有必要重视物理概念和规律的教学，并将其视为教学的核心。物理概念和规律是物理知识体系的支撑，只有理解并掌握物理概念和规律，才能够形成对物理学的正确认知，实现全方位物理图象的生成，以及物理知识的系统化学习，促进知识的迁移，并缩小知识间的差距。所以，概念和规律对于物理教学至关重要。由于概念和规律的形成建立在科学的观察和实验的基础之上，是对物理现象的客观反映，是人的抽象思维的产物，因而，以概念和规律为中心的物理教学，对于学生其他能力的培养和提升具有重要意义。

（三）以数学方法为重要手段

任何学科都不是孤立存在的，与其他学科间有着密切的联系。物理学注重逻辑思维，涉及一些客观的数据，其与数学的联系不言而喻。数学方法在物理教学中的运用，所展现的优势如下。

一是高度概括性，能够将复杂的物理概念和规律，用极具概括性的语言表述出来，便于学生理解；二是简洁而又严密的逻辑思维方式，有助于促进物理思维的形成。三是作为计算工具所表现出的严密性、逻辑性、可操作性等特点，在物理理论的建立、发展、应用等方面更显出巨大的作用。总而言之，数学方法和数学思维在物理教学中的运用，有助于学生的学习方法和思维向物理方法和物理思维的过渡，从而在分析和解决物理问题时，自觉地将其与数学的思维和方法结合起来，做到二者间的互为转化。一方面将物理问题转化为数学问题，用数学思维和方法解决物理问题；另一方面，从数学表达式中深刻领悟其中的物理内涵。唯有如此，才能达到对物理知识更加深刻的理解，学生分析和处理物理问题的能力也才能够有所提升。

（四）以辩证唯物主义思想为指导

在我们的生活中，辩证唯物主义思想随处可见，物理教学也体现着辩证唯物主义思想。这种思想引导着物理教学的过程和方向。辩证唯物主义思想是科学的思想观和意识，影响着人们的思维方式，与此同时，对于人们世界观、人生观的形成和发展起着重要作用。因此，在物理教学中，坚持辩证唯物主义思想尤为重要，对于揭示和阐述物理概念、物理规律的内涵和外延，探索物理的本质有着非常大的促进作用。物理教学充满了辩证唯物主义思想，学生在接受知识的过程中，也伴随着辩证唯物主义世界观和方法论的熏陶。学生受到熏陶的程度，不仅受辩证唯物主义思想在知识结构中隐含程度的影响（不同知识结构隐含唯物辩证主义程度不同，即使是同一知识结构，其隐含辩证唯物主义思想的程度也不同），还受组织和传授知识方法的影响。

（五）培养学生的情感、态度、价值观

教学的终极目标在于培养全面发展的人才，因而教学的过程，应该是围绕这一目标而展开的，可看作培养学生全面、和谐、健康发展的过程。教学不仅是知识的积累及能力提升的过程，具体到物理教学，其教学的意义也不能仅仅是为了指导学生学习物理基础知识，培养学生物理思维与创新能力，还应该在物理教学中，面向全体学生，融入情感教育，促使学生心与智的和谐发展。

物理学渗透着科学精神与思想品质，物理学习能够磨炼学生意志，促进学生科学态度与价值观的养成，帮助和促进不同层次的学生在获得知识的同时，人文精神与品质也得以充实。基于这一点，物理教师就应该面向全体学生，关注学生的发展实际，立足于学生的未来，从思想、情感、道德品质等方面展开物理教学，为学生终身发展打下基础。

（六）培养学生对社会的责任感

物理学是一门人文与科学并重的学科，因而教学的开展应注重将人文精神与科学精神并举，关注人与自然、社会的协调发展。因而，物理教学在渗透人文精神与学科素养的同时，还需要加强物理学与科学技术、社会的联系，以提升学生对物理学科的认知，明确物理学在科学技术发展中所发挥的作用，引导学生了解科学技术的发展给社会所带来的负面效应，从而增强学生的社会责任感，树立正确的价值观。具体要求如下。

一是充分发挥现代技术的优势，通过多种渠道，获取丰富的物理教学资源。教师应根据教学需要和学生能力水平，尽可能选择学生感兴趣的，与生活实际相关的案例，以此丰富并充实物理课程内容。由于课堂时间有限，在内容的安排上，就需要教师精选、精讲，根据教学实际，科学合理地安排教学过程，尤其需要在教学中突出学生的主体性，让学生通过自主学习，或阅读教科书或补充材料，收集与物理相关的信息，在合作探究的

过程中, 在有限的时间内获得更多的知识。

二是坚持课堂内外相结合的教学原则, 积极推动社会实践的开展。由于物理学是一门科学性和实践性都很强的学科, 与实际生活联系也较为密切, 因而, 物理教学的开展, 不应该仅关注书本知识的学习, 而应该将课堂教学延伸至课外, 将书本知识与生活实际相结合, 通过开展多种形式的实践活动, 让学生走出课堂、走入社会, 从生活实际中感悟物理知识及原理, 从而激发学生的物理学习兴趣。

二、高中物理课堂教学现状

伴随教育改革的逐步深化, 物理教学也相应地发生了一系列变化。基于物理学科特点及教学现状的研究, 对于指导物理教学未来的改进与发展有积极意义。对于物理课堂教学的现状, 笔者认为具体可从以下几方面把握。

(一)学习动机

教学效果的好坏, 一定程度上受到学生学习动机的影响。学生只有具备一定的学习动机, 学习兴趣与热情才会浓厚。兴趣是最好的老师, 在兴趣的作用下, 学习效果与教学效果都是最为理想的。从学习理论来分析动机, 动机是学生引发学习行为的主观原因。从动机产生的因素来看, 学习动机分为内在和外在两种形式。从内在动机来看, 它是学生主动开展学习; 外在动机主要是受外部刺激而产生的学习行为。

对于学生群体来说, 每一个学生都有自身的特点, 是独立的个体。由于受多种因素的影响, 学生的能力水平参差不齐, 以不同层次水平的学生来说, 成绩较好的学生, 其内在动机所占比重较大; 而处于中间水平的学生, 内外动机基本持平; 而成绩不理想的学生, 其学习动机主要来自外在。由此不难看出, 动机与学生的学习能力有着直接的关系, 内在动机更容易推动学习行为的生成。所以, 作为教师, 要重视内在动机的作用, 积极引导学生进行自主有效的学习, 通过强化内在动机, 以提高学生的学习兴趣。

（二）学习主动性

一般来说，教师都能够认识到学习主动性的重要性，因而也会有意识地在物理课堂教学中开展以主动学习为主的教学活动。而课堂讨论是最为常见的形式，它能够有效地引导学生在讨论的过程中，锻炼自主探究的思维及意识。

然而，这些只是理论上的效果。事实上，在讨论教学中，很多讨论只是一种形式化的活动，学生并未真正投入其中，也并未在讨论中进行深入思考。而当学生真正有意向思考时，才会呈现对某一问题探究的强烈欲望，在探究欲望的驱动下，学习才是主动性的。从实践上来看，教师的实验演示对于学生学习的兴趣有一定的激发作用。所以，要达到促使学生具有学习主动性的目的，物理教师需要丰富课堂教学形式，以调动学生学习的积极性，通过有效性的提高来推动学生物理思维的能动性。

（三）批判性思维

物理学的任务之一便是要培养学生尊重客观规律，尊重科学的思想意识。从物理教学实践来看，批判性精神是物理学习必不可少的。学生对于具体的物理实验及问题，一般都会主动进行实事求是的记录，对于实际数据与标准之间出现的不一致性，也会对出现误差的原因进行积极的探究。但他们对于教师在教学中所出现的错误知识点，一般都不会质疑，也就是说，对于教师，他们没有表现出强烈的批判意识。这主要是由于大部分学生不敢直接指出老师的错误，而如果是教材出现了错误，可能有一部分学生会选择主动地进行知识点的确定，而另外一小部分人会选择以一个较为不确定的形式来进行知识的学习。同样，对于自我评价来说，很多学生，甚至是大部分学生不约而同都会出现"当局者迷"的倾向，缺乏自我批判意识。因此，在物理教学中，教师要有意识地激发学生的批判意识，形成反思习惯，从批判意识出发，来培养学生的物理批判性思维，进而引导学生开展批判性的学习，以促进学习有效性的提升。

（四）知识迁移

知识迁移是学习的基本要求，也是学习能力的一种体现。物理学习尤其要重视知识迁移。知识迁移及其相关性是物理学习的重要方式，知识与理论之间的相关性、理论与问题之间的关联都是形成其物理体系的重要知识点。

然而，实际上，有些学生虽然对于理论知识与实际生活具备一定的迁移能力，但是对于物理思维能力间的迁移较为欠缺，思考问题的模式较为固化。主要表现在对物理中某一知识点的学习之后，在练习中只知机械地套用公式、定律，而不善于灵活变通，无法做到举一反三，究其原因是缺少对于物理知识的思考与探讨。由此，需要强化知识的迁移能力，如果学生欠缺对于物理知识与实际物理问题之间的关联性的认识，自然也就无法有效地利用物理知识去解决实际的物理应用问题。

三、高中物理教学模式和教学方法创新的途径

创新教学模式和教学方法是当前物理教学改革的必然选择，笔者在结合我国物理教学现状的基础上，分析了物理教学的大纲，对教学模式及方法的创新，提出了以下几点建议。

（一）转变教育理念，应用探究式教学模式

物理教学要适应现代教育发展的要求，必须以先进的科学理念为指导。教育理念的转变，是教育改革的前提和基础。人类社会是发展变化的，任何事物也都处于变化之中，由此，适应社会发展的最主要途径便是与时俱进。教育也理应如此，教育要适应时代发展的要求，势必先从理念上转变，以现代教育理念取代传统的教育理念。因此，具体到物理教学，也应该首先从理念上转变，在先进教育理念的指导下，进行教学模式的创新，彻底摒弃传统的"满堂灌"模式。

现代教育强调学生的主体性，探究式教学能够最大限度地发挥学生的主体性和能动性，让学生在自主学习与探究中开展物理学习。这对于调动学生学习的积极性、使其自觉主动地融入物理教学的过程，让学生在合作

与探究中激发思维的能动性和创新意识，培养学生的独立学习、思考解决问题的能力具有积极的促进作用。

另外，合作精神也是现代人才必备的一种精神品质和能力，物理教学也应该注重对学生合作精神的培养。探究式教学的特点之一便是引导学生通过对话与讨论的形式参与教学，取长补短，发挥自身优势，在讨论中与他人进行合作与交流，以发现问题、解决问题，在互助中共同成长进步。

（二）建立良好的新型师生关系

随着信息社会的发展，教师已不再被视为知识的唯一拥有者，学生获取知识与信息的渠道更加多样化，电视、网络等媒体都可以成为他们获取信息的来源。甚至对于某一方面的知识或信息，学生超越了老师也不无可能。面对社会变革所带来的一系列机遇与挑战，教师必须保持清醒的认识，在思想上跟上时代的步伐，自觉主动地应对挑战。

首先就需要调整态度，重新审视自己的能力和工作方式，改变过去教师权威的传统思想，为建立一种新型师生关系而努力。这种新型师生关系建立在师生平等的基础上，所呈现的师生关系更像是合作伙伴，在互助、交流中共同进步。作为教师，要关注学生的成长，及时了解学生的心理和需求，努力走进学生的世界，获得他们的信任，并与他们成为朋友。只有这样，才能了解学生的真实想法，与他们展开平等的对话，达成相互理解。只有了解学生，才能做到因材施教，才能调动学生内在的学习动力，促使不同层次水平的学生都能够取得学习的进步。

此外，教师要平等地对待每一个学生，无论成绩好坏，"不抛弃、不放弃"是教师应该秉承的教育理念。对于成绩不理想的学生，教师要给予更多的关注，一方面，提供学习的"依靠点"，为其成绩的提升搭好支架，通过循序渐进的方式，让他们体验到成功的喜悦；另一方面，挖掘学生身上的闪光点，鼓励其走出自卑的阴霾，进而树立学好物理的信心。

教育是一门学问，教育的艺术不在于传授本领，而在于对学生的启发。作为教育者，不能以分取人，重要的在于通过分数，了解学生知识的掌握情况，分析问题所在，进行查漏补缺的引导，以避免同类错误的再犯。教师还应该多留意成绩变化大的学生，对于学生的进步及时表扬；而对于退步的学生，在及时指出问题的同时，更应该发现他们身上的闪光点，这样既能做到照顾学生的情绪，也能充分调动学生学习物理的各类积极因素，促进学生全面、协调发展。

（三）加强学法指导，引导学生掌握学习方法

随着知识的不断加深，以及学生学习任务的加重，教师对于知识的讲解，由最初的大而全转变为精讲典型，学生要适应这种节奏的变化，就必须掌握学习的要领。"授人以鱼，不如授人以渔"，教师应该加强对学生学法的指导，促使其掌握物理学习的方法、技巧。再者，"学而不思则罔"，还要引导学生在学习中勤思考、善发问，鼓励学生在学中思，在思中学。总而言之，在物理教学中，教师要善于渗透各种物理学法，如控制变量法。控制变量法是科学探究的重要思想方法，广泛地运用在各种科学探索和科学实验研究之中。它是将多因素的问题分解成多个单因素的问题，然后再逐一进行解决。

第三章　核心素养视域下高中物理教学模式

第一节　探究式教学模式

一、探究式教学模式的理论研究概述

（一）相关概念界定

1. 探究

2015年，翟小铭在《十年来国际物理教育研究热点分析及启示》的国际物理教育热点可视化结果中显示，"Inquiry"一词位列国际物理教育十大热点词汇第五位。《牛津英语词典（1989年版）》中，将"Inquiry"解释为探寻知识或某种信息的活动，既是一种求真的活动，也是一种探求、研究、调查、提问和质疑的活动，其相应的中文翻译有"探究""调查""询问""追究""质问"等。在《汉语大辞典》中，"探究"是指"探索研究"，即努力寻找答案、解决问题。在《辞海》中，"探究"是指深入探讨，反复研究。虽然在表述上稍有不同，但在科学教育领域，人们普遍认为"探究"是非常重要的活动。

2. 探究学习

传统教学方式的侧重点往往在于教师，而探究式教学的重心及出发点在于学生。以往的对探究式教学的研究主要集中在探究学习上，把探究学习作为教学的出发点，所以在说明探究式教学的本质之前，先讨论探究学习。对于探究学习的理解，由于出发点不同、角度不同，所以学者们给出的定义也不同。施瓦布指出："探究学习是这样一种活动：儿童通过自主

地参与知识的获得过程，掌握研究自然的基础所必需的探究能力，同时形成认识自然的基础科学概念，进而培养探索世界的积极态度。"靳玉乐指出："简单地说，（探究学习）就是学生以类似或模拟科学研究的方式所进行的学习。"刘儒德指出："探究学习是指学生仿照科学研究的过程来学习科学内容，体验、理解和应用科学研究方法，获得科学研究能力的一种学习方式。"徐学福指出："探究学习是为了达到一定的教学目标，在教师的指导下学生自主建构知识、经验活动或过程。"无论从哪个角度看，都必须反映出探究学习的实质，即在教师指导下，学生主动参与、遵循科学探究的一般过程，既注重过程，也注重结果的一种解决问题的方式。探究学习的实质既是一种学习方式，也是教育教学的目标之一。

3. 探究式教学模式

通过以上讨论，在教学过程中，探究式教学模式从整体上把握就是以探究为基本特征的，创设以学生的学为中心的探究学习环境，同时教师提供必要的帮助和指导的一种模拟性的科学教学活动形式。人们所看到、听到的"探究学习""探究性学习""探究式教学""探究性教学法"等这些名词概念，其实都是探究式教学的子集，可以把它们统称为探究式教学。无论是作为学习方法和教学方法，还是课堂中采用的一种教学模式，其实都是围绕着科学探究这条思想主线进行的一种新的教学方式。这样理解和把握探究式教学，人们对其研究和学习就方便了，不至于被这些名词所困扰。同时，也有一些难以区分和容易混淆的概念，如"发现学习""研究性学习"等，教师可以通过进一步明晰探究式教学的特征和原则来加以区分，并在实践教学中正确把握。

（二）探究式教学模式的意义

1. 探究式教学有利于激发学生的物理学习兴趣

探究式教学从创设问题情境入手，力图使学生产生强烈的认知冲突，从而激发学生的内驱力。在探究式教学中，学生从以往的知识被动接受者转变为知识的主动探究者，并且表现出强烈的兴趣和较大的热情。

2. 增强学生问题意识和自主学习能力

在探究式教学过程中，大多数学生都能够养成经常提问的良好学习习惯，他们的问题有时是从物理的角度来认识周围的现象。虽然学生的有些问题不尽科学，但是却说明他们对外界事物充满了好奇，养成了用物理去解释周围事物的良好习惯，且已经具备了较强的问题意识。在探究式的课堂上，学生善于发问，不像传统课堂那样只听教师的讲授。在探究过程中，将近半数的学生能自己去寻找问题的答案，自己根据问题来设计实验，只有当遇到较难的问题时，才向教师求教。在以问题探究为主线的探究式教学中，学生围绕问题展开学习活动，学生的自主地位得到了体现，他们的自主意识和自主学习能力也得到了培养与提高。

3. 提升学生的探究能力和创新能力

探究式教学过程重视学生亲身体验知识的探究过程和科学方法的训练，能够有效提高学生的观察、实验、思维、交往、合作等能力，为学生创造能力的提高打下基础。学生在掌握探索物理知识的一般步骤和方法后，在解决物理问题时，能提出自己的看法，能用所学的科学知识解决一些生活中的实际问题。

4. 学生获取知识和信息的途径多样化

以往学生获取知识的途径主要是通过教师和教学参考书，通过物理探究式教学，拓宽了学生的知识视野。学生可以通过查阅资料、浏览网站、收看新闻等多种渠道或通过相互交流来获取信息。

上面的叙述表明，探究式教学的有效使用能够明显地提高学生的综合学习能力，激发学生的内在潜能，从而为学生物理核心素养的发展奠定扎实的基础。

（三）探究式教学模式的特征

1. 科学性

陶行知先生说："问题千千万，起点是一问。"开展探究式教学，必须围绕问题展开研究。事实上，在教学中，学生发现问题时往往容易激发其探究的好奇心和欲望。好的问题不仅具有科学性，还讲究严谨性，以及与实际的关联性。对于如何引导学生发现问题，让学生真正地进行思考，还要讲究科学的问法。认知理论研究表明，学生的学习不是从空白开始的，已有的经验会影响学生现在的学习。所以，教师的设问要注重从学生已有的经验出发，遵从教育学、心理学、学生的特点进行科学设计，这样才能收获好的教学效果。因此，科学性是探究式教学的前提特征。

2. 建构性

探究式教学是一种自主建构知识、经验、活动的过程。学生在创设的真实的情境中，从自己已有的经验出发，与客观环境相互作用，建构知识。知识具有客观性，知识并不是对现实世界的绝对正确的表征，不是放之各种情境皆准的教条，不同的学生对同一环境所建构的知识有所不同，探究式教学强调知识的绝对主观性。因此，学生在建构知识的过程中要占主体地位，教师要尊重学生的差异，在引导过程中要注重知识的运用。建构性是探究式教学的显著特征。

3. 自主性

自新一轮的教学改革开展以来，教师的教育理念逐渐由他主性转变到自主性上来，这是一个进步的表现。但在实际教学中，学生构建知识的权利仍然紧握在教师手中。探究式教学在科学性的前提下，崇尚知识的建构，学生享有和承担着自主建构个人知识的权利与责任。没有自主性，无异于灌输式教学。因此，自主性是探究式教学的核心，是其本质特征。

4. 指导性

探究式教学在科学的前提下，注重学生自主构建知识。由于学生在不同的年龄阶段，面对不同的学习任务，自主构建知识的能力良莠不齐，所以探究式教学离不开教师的有效指导。教师应在充分尊重学生自主性的同时，进行必要的引导。而且，教师在引导时要注意自身角色以及在探究式教学活动中的地位，注重培养学生的探究能力，既重视过程，也重视结果。因此，指导性是探究式教学的重要特征之一。

5. 协同性

科学知识的形成不是依靠个人力量完成的，在探究的过程中往往需要团队配合，这就要求探究式教学过程中强调不同主体间的交流合作。教师在强调个体自主建构知识的同时，要注重交流和协商，如学生与学生之间、学生与教师之间、学生与互联网媒介之间等。因此，协同性是探究式教学不可或缺的特征之一。在探究式教学过程中，教师要注重培养学生的交流合作能力和探究技能，形成一个有共同目标的探究共同体，发挥团队的力量。

6. 评价性

探究式教学的评价重视形成性评价，改变了传统教学中仅凭单一的终结性评价的局面。学生的自我评价对评价的要求较高，评价的真实性影响着探究式教学目标的实现和学生综合素质的提高。可以说，评价是探究式教学进步和发展的保障。所以，评价性是探究式教学的重要特征之一。如果评价方式科学全面，学生就能更好、更全面地发展；如果评价方式片面，学生就不能全面地认识自我。

探究式教学的六个显著特征并不是孤立存在的，而是一个有机的整体。自主性处于核心位置。在探究式教学过程中，科学知识是探究学习的目的，学生不光掌握这些知识，还要学会发掘知识技能、科学思维、科学方法。探究式教学是建立在科学活动基础上的，探究的科学性是探究式教学的前提。探究的自主性是探究式教学的本质特征，是区别于灌输式教学的显著标志。学生自主建构知识的同时需要协商和合作。由于学生的探究能力各不相同，为了提高探究式教学的效率，需要教师的有效指导。而且，教师的指导一定以学生的自主建构为核心。形成性评价是探究式教学的焦点和难点，是探究式教学的有机组成部分，贯穿学习过程的始终。如果只注重终结性评价，那探究式教学就会失去探究的意义。因此，形成性评价是探究式教学持续良性运作的保障。这六种特征相互关联、相互制约，彰显了探究式教学的内涵。

二、核心素养导向的探究式教学模式实施方法

（一）创设情境，提出问题

问题是探究式教学模式的核心。在探究式教学或学习中，探究的过程往往围绕某个需要解决的实际问题展开，以问题解决和表达交流而结束。科学方法论学者波普尔说过："任何科学研究都始于问题，也终于问题。"爱因斯坦指出："提出一个问题比解决一个问题更为重要。"在探究式教学中，教师需要通过设置问题情境让学生发现问题，而不是代替学生提出问题。因此，创设问题情境对探究式教学具有重要意义。在物理课堂上，学生应该有机会追踪他们提出的问题。在实际的教学中，教师应根据教学

目标和内容以及学生的情况灵活地处理，如果教学目标是学习学科教材中的内容，问题本身的性质就比问题的来源重要。在探究活动开展之初，可以是教师提出，也可以是教师对学生问题的综合，之后随着探究学习的推进，问题便可以由学生提出。

1.创设问题情境的方法

（1）利用物理史实、名人轶事创设物理课堂问题情境

物理学家在科学发现过程中的史实与轶事对学生的学习有着巨大的吸引力和潜移默化的影响，它们往往是某种物理思维方法或创造过程的浓缩，所以物理教师可以利用这些生动的素材来创设物理课堂问题情境。

比如，在磁场的教学中，在讲述电流周围也存在磁场时，可引用这个现象由丹麦物理学家奥斯特在一次偶然的情况下发现的故事。最初，奥斯特将通电导线东西放置，由于地磁的干扰，并没有发现这一现象，之后偶然的机会下将导线南北放置，才发现了电流附近小磁针的偏转。这段史实可以设计成物理情境，并问学生："为什么东西放置就不能发现电流周围磁场的存在？"采用这样的课堂问题情境创设，既引起了学生学习的兴趣，激活了学生的思维，又间接地告知学生灵感不是从天而降的，是对科学真理执着追求的结果，比直接陈述结论的教学效果要好得多，有助于学生物理观念、科学态度与责任素养的发展。

（2）利用认知冲突来创设物理课堂问题情境

物理教师的一个重要职责与努力方向是为学生的学习活动创造一个良好的物理学习共同体。由于这一共同体中的每个成员（包括后进生在内）都能得到尊重和理解，而且作为共同体一员的教师再也不是什么权威，所以作为共同体成员的学生，便可针对同一问题各抒己见，进行交流和讨论。在交流和讨论过程中，他们的见解难免有不一致的地方，有时甚至是截然相反的。这就给了教师一个创设物理课堂问题情境绝好的切入点，物理教师完全可以利用学习成员在同一问题上的认知冲突来创设物理课堂问题情境。

在课堂交流和讨论过程中，教师可有效利用每个学生都非常希望自己对问题的见解能得到大家的认同，尤其是教师肯定的心态，适时、适度地对学生的讨论进行深入的引导，对他们的一些见解进行质疑，并有针对性

地引导他们反思，以引起和激化认知冲突，同时对表现良好和积极讨论的学生加以表扬，如此便会创造出良好的物理课堂问题情境。

（3）利用实际问题进行物理课堂问题情境的创设

教师可把解决日常生活中人们所遇到的问题作为物理课堂问题情境创设的切入点，这样不仅会激发学生的学习兴趣，还会使学生活学活用，培养学生正确的物理价值观，进而促使学生形成良好的物理自觉意识，为学生科学思维、科学探究等核心素养的发展提供助力。

比如，在超重的新课教学中，教师可以这样引入问题：你们听说过蹦极这项运动吗？那么，为了安全，运动员是不是用细钢丝捆在身上？为什么？由于提出问题的方式新颖，答案简单，又不是教材中所提供的资料，很容易引起学生的兴趣，使学生非常想知道这一问题与本节课有什么联系，这样一下子就把学生吸引到教学的核心内容上来了，于是一节有关超重问题的探究性物理课就开始了。

这时，教师再播放一段弹簧秤下挂一个钩码在电梯中随电梯上下运动时弹簧秤读数变化的录像，同时在电梯里放一个两边分别放有物体和砝码而平衡的天平，在整个电梯的变速运动中，天平并没有失去平衡。由于视频中的内容非常简单，并且贴合学生的生活，甚至有部分学生亲历了实验，给予学生真实感，使学生很容易进入探究问题的角色，并得出加速度变化时物体的质量不变，重力也不变的结论。然后，在课堂上通过播放一个小女孩在电梯中加速上升、减速上升、加速下降、减速下降时体重计的示数变化、加速度方向变化、速度方向变化的动画课件，使学生知道电梯对小女孩的支持力或物体对弹簧的拉力变化与运动方向无关，只与加速度大小和方向有关的结论。同时，在课堂上，师生通过类似的实验和对运动物体的受力分析及计算，加深了学生对课堂核心内容的理解，使学生有一种"该规律就是我在教师的指导下发现的"的成就感。

通过这样一个与实际问题相联系的课堂问题情境，便会引发学生的好奇心，集中他们的注意力，引起他们的思考，使他们积极主动地进行物理学习。

（4）利用新旧知识间的联系创设物理课堂问题情境

巴甫洛夫指出："任何一个新的问题的解决都是利用主体经验中已有的旧工具实现的。"也就是说，各种新知识都是从旧知识中发展而来的。

由于物理学科知识的逻辑性强，所以前后知识间的联系相对而言更为密切，于是这便成为广大教师进行物理课堂问题情境创设的又一个极为有效的切入点。事实上，有时旧知识本身就含有产生新知识的问题情境，只要教师善于观察分析，就可有效利用。

比如，在磁感应强度的新课教学中，教师可以这样表述："我们已经学习了用电场强度来反映电场的强弱，请同学们回忆一下当时的情形。我们借用了一个检验电荷，发现处于电场强的区域受到的电场力就大，相反就小，而在同一位置，电荷量越大，其受到的电场力越大，所以我们可以用电场力与该电荷的电量的比值来反映该处电场的强弱。磁场与电场在很多地方相近，那么我们怎样用类似的办法来反映磁场的强弱呢？"如此，就让学生获得了类比推理的物理学习方法，有助于学生科学探究素养的发展。

（5）利用实验演示或学生实验操作创设物理问题情境

通过实验演示或学生实验操作创设问题情境，具有真实、直观的特点，这种问题情境创设在物理教学中具有较为广泛的应用。

比如，在讲"力的作用是相互的"时，播放一段穿着溜冰鞋的两个人对推、游泳和划船的动画，通过直观的情形再现，提出"力的作用是相互的"这一问题。

又如，在学习"力的作用的效果与力的三要素"有关知识时，教师以教室里的人走到走廊如何打开门方便为例，让学生操作试验。为了培养学生的发散思维能力，又让学生观察门是向哪个方向开的，以及原因。讨论后，学生很快从安全角度给出了回答。但这时有学生提出：轿车的门为什么是向外开的？有一部分学生马上反驳小中巴的门就是拉门。教师及时引导学生要从多方面考虑问题，并以目前的轿车有这种安全隐患来激发学生：你能否从设计上来研究解决方法？或许有一天你有新的发明。在期待中交流，让学生的好胜心得到了满足，而且交流更触发了问题的产生，增进了学生主体的参与意识。

2. 促使学生产生问题的方法

提问的目的是引起学生进行探究性学习，所以提问要针对学生有疑难的地方设问。提出的问题要做到旧中寓新、新中有旧，即新旧知识联系。

同时，提问不要太深，也不要太浅，只有在学生的"最近发展区"内提问，才能引起学生的探究活动。提问要具有提示性，能让学生知道如何去思考才有一个满意的结果。提问题要由浅入深、由易到难，体现顺序性、层次性，使学生围绕某个问题，逐步开展探究活动，让学生对知识有整体的认识。此外，教师应鼓励学生提问，大胆质疑，并且培养学生开拓创新的精神和实事求是、追求真理的科学素养。

（1）营造民主和谐的氛围

民主和谐的氛围有利于改善学生的提问环境。探究式课堂教学中，教师是学生学习的促进者、组织者和指导者，为学生提供各种便利的服务，给学生心理上的支持，营造接纳的、支持的、宽容的课堂气氛，在和学生一起寻找真理的过程中能及时承认自己的过失和错误。

教师要实施差异指导，力求差异发展。教师要关注由学生的年龄、个性的差异而表现出来的知识、能力和生活经验的不同，以及表现欲的强弱，在探究活动中采取多种方式。通过改变课桌排放的形式、实验小组的形成方式、回答问题的方式等，形成个性差异的互补、动手能力的协调，帮助学生克服胆怯心理，在宽松的环境中展示自己。同时，可以让学习不太积极主动的学生先在小组中发言，提出自己的问题，经常锻炼在全班面前发言，使每一个学生都有绽放火花的机会，激发潜能。

教师对学生的学习活动应给予指导、支持，鼓励学生独立思考，启发学生在学习过程中多问几个"为什么"，发现问题，大胆质疑，提出问题。对表达不当或质量不高的问题，教师要及时保护学生的积极性，抓住契机，用信任的眼光、鼓励的语气使学生在赞许中获得信心和勇气，在心理和行动上使学生坚信"提出问题，我能行"。

（2）创设问题环境

创设问题环境的目的在于促使学生质疑，提出问题，引发学生联想，激发情智，催动学生的灵感，从而引起学生探究问题的动机和兴趣。这是学生进行科学探究活动的内部心理倾向，是激励学生自主参与教学过程的内驱力。从心理学角度来说，一般情况下，人需要维护自己的观点或信念的一致，以保持心理平衡，若在另一种新的情境中出现了与原有观点或信念不一致的地方，就会出现认知冲突。而教师的指导工作就应放在设计出让学生发现并提出问题的环境上，而不是设计问题本身，使学生的大脑由抑制到兴奋，问题也就产生了。

从生活中提出问题。教师要关注生活，放低问题产生的起点，把习以为常的生活现象在课堂上运用多媒体课件、动画模拟等方式再现，引起学生的关注，在充满学习氛围的教室内，激发学生天性中的好奇，在渴求中产生的问题是他们学习的动力。对每一种现象都让他们问个"为什么"，而每次的"为什么"都能使他们有所收获，在今后的学习生活中就能养成提出问题的好习惯。

从实验中提出问题。实验是真实的、可信的，展示的是触手可及的事实，产生的现象直接刺激着人的感官，使大脑迅速兴奋。对于高中生来说，演示实验、学生分组实验、课后小实验对培养学生的提问能力有很大的作用。所以，教师应多花一些时间和精力去研究实验，预测实验中学生可能提出的问题，同时要能够回答这些问题，不然会挫伤学生提问的积极性。

从交流中提出问题。进行探究式教学时，既注意与学生的合作交流，也强调教师作为学习参与者，与学生分享自己的感情和想法。它彻底改变了"教师讲，学生听"的传统教法，让学生表达出自己的看法，通过相互启发，让学生碰撞出思维火花，产生更多、更新的问题。

从结论中提出问题。学生提出的问题有三个方面的来源：一是学生根据教材、实验等途径设计的情境直接给出问题；二是学生从所提的问题中得到启发而提出新的问题；三是学生自己提出问题。学生对自己发现并提出的问题最感兴趣，最有动力去深入研究。美国教育家布鲁巴指出："最精湛的教育艺术，遵循的最高准则，就是学生自己提出问题。"

比如，摩擦力大小的问题一直是学生学习的难点，通过实验得出了滑动摩擦力的大小与接触面的粗糙程度和压力大小有关后，教师可以向学生提问："你们对这个结论有何看法？"学生思考以后提出了很多问题，如"摩擦力的大小与速度没有关系吗？""摩擦力的大小与压力没有关系吗？""摩擦力的大小与接触面的大小没有关系吗？""如果物体接触面一个光滑，一个粗糙，它们间的摩擦力是大还是小呢？"对于他们提出的问题，教师在给予及时表扬的同时，让学生针对自己的疑惑展开探索。这样，不但可以解决学习过程中的难点，还可以培养学生科学探究的素养。

（3）教会学生提问的方法

在探究式教学和解决探究问题的活动中，有部分学生或是提不出问题，或是表达问题不准确，或是问题缺乏可探究性，或是所答非所问。究其原因，在于不得法。教会学生掌握提出问题的方法是新课程对教师的要求，是提升学生物理核心素养的基本条件。一个好的教师给学生的不只是真理，更重要的是探索真理的方法，以课堂内容为载体，按内容不同、要求不同，对学生提出的问题方法进行指导。从一般方法入手，尝试模拟提问，养成提问习惯后，学生自然进入角色，提出的问题也就具有多样性和自主性了。

按照内容不同，提出问题的方法包括以下几种。

对自然现象、实验现象、实验要求提出问题，一般用果因法，即见到一个现象、一个要求，要习惯地问一个"为什么"，或是"什么原因"或"怎样了"，一般以"为什么……"或"是什么原因……"或"……怎样了"等方式书写或提出。

对结论、原理、定律、规律提出问题，常用反问法、推广法，也可以用转换法、引导法等。反问法是把结论反过来，以提问的方式给出。推广法是把结论用到一般情况下，以提问的方式给出。例如，学习了牛顿第一定律的内容后，提出问题：物体保持匀速直线运动不受外力吗？物体受到外力能保持匀速直线运动吗？

按照要求不同，提出问题的方法往往是对设定的内容、设定的情形提出问题。第一，以一般文字或者一幅图画直接提出问题。比如：

自行车是一种简便无污染的交通工具，想一想你的使用过程，请提出两个与科学有关的问题。

例如，自行车的轮胎为什么会有花纹？

问题一：＿＿＿＿＿＿＿＿＿＿＿＿＿

问题二：＿＿＿＿＿＿＿＿＿＿＿＿＿

这种问题从描述的对象看是固定的，而对对象的提问却是发散的，可问的问题很多，只要抓住对象的用途、功能、性质，能以"为什么……"的方式提出问题即可。

第二，以文字兼图像、图画、表格等方式间接提出问题。这种题目形式多样，回答起来难易程度不同，其中对学生来说比较困难的是以控制变量、设计对照组的方式出现。学生要通过分析、对比，找出研究对象、研究因素，确定各因素在不同组别中的差异，给出提问的因素，从而提出问题。探究性题目提出问题能力的考核，对学生来说有一定难度，教师要教会学生科学的方法，如比较法、分析综合法等，并且培养学生的阅读能力、知识迁移能力、表达问题的能力等。

这里要注意的问题有以下两点：第一，学生在以文字的形式给出问题时，由于表达方式不对而出现错误，把问句写成了陈述句或把问句写成了因果句，这是学生经常出现的错误，教师要给予重点指导。第二，不能及时转换问题，如把一般问题转换成具体问题，把具体问题转换成一般问题和抽象的问题，使问题缺乏探究方向。

（二）做出猜想，形成假设

1.引导学生认识猜想与假设在科学探究中的重要性

纵观物理学发展史，许多物理学家在研究物理现象、探索未知世界时，往往科学地提出一些假设，然后利用已知的物理规律进行分析推理，从而获得对未知世界的正确认识。由此可见，假设是研究物理学的一种重要的思想方法。猜想与假设是科学探究的诸多要素中十分重要的环节，起着承上启下的作用，能使探究者明确探究的问题，有目的、有计划地进行探究。猜想与假设在科学探究中的重要作用首先在于它是科学结论的先论。猜想与假设一旦得到实验结果的支持，就可能发展成为科学结论。猜想与假设对解决问题的方案做了一定的预见性思考，因此它为收集信息提供了一个大致的框架。可以说，猜想与假设为制订探究计划、设计实验方案奠定了必要的基础，并为学生物理核心素养的发展提供了养分。

因此，要使学生获得对猜想与假设的正确认识，应该让学生经历猜想与假设的过程，并据此制订探究计划或设计实验，完成探究活动，体验猜想与假设在整个探究活动中所起的引导性作用。

2.教会学生猜想与假设的方法与技能

（1）根据经验和已有知识对现象的成因提出猜想或假设

教师可以选取恰当的事例，充分调动学生原有的知识和经验，充分利用学生视觉、听觉等作用，对所研究的事物进行实验，根据观察到的现象，直接提出猜想。物理是一门以观察和实验为基础的学科，很多知识都是用这种方式提出的。

比如，在"牛顿第三定律"这一节课中，对作用力与反作用力的关系这一知识点的教学，通常是让学生用两个弹簧秤对拉，从两个弹簧秤的读数得出作用力与反作用力大小相等的结论，但学生的理解往往不深刻，遇到具体问题还是会出错。对此，教师可采用猜想与假设的方法，将教学过程进行如下设计：

选班上最重和最轻的学生，徒手站在地面上，互相拉对方的手，让其他学生猜想哪一个学生能赢，并说出赢的原因。通常，大多数学生认为，重的学生拉轻的学生的力大于轻的学生拉重的学生的力。接下来，让重的学生坐在可滑动的椅子上，再来比一次，看结果如何。这次轻的学生赢了重的学生。难道是轻的学生拉重的学生的力大于重的学生拉轻的学生的力吗？引导学生进行猜想之后，再让学生用两个弹簧秤对拉，验证作用力与反作用力相等的猜想，这样学生会有很深刻的印象。

（2）借助简单的演示实验，引导学生猜想或假设

由问题到猜想问题的答案或解释，有时要经历复杂的思维过程，有时难以形成有效的猜想，用演示实验加以启发，是一种较好的方法。

比如，对"向心力与向心加速度"的猜想，教师可以设计一个小实验，用绳子的一端拴住一个小球，挥动绳子，使小球做向心运动，由学生提出猜想与假设。巧妙的实验一下子就会使学生的猜想与假设变得目标明确，而不是苦思冥想、漫无目的。

（3）借助由特殊到一般进行归纳的方法提出猜想或假设

科学就是整理事实，以便从中得出普遍的规律或结论，由此探索自然界的普遍真理。这里从整理事实到得出普遍性的结论，从经验事实中抓住普遍特征，其实就是一种归纳的过程。归纳就是从特殊的经验事实中找出一般性规律与特征的思维方法。

比如，在"电磁感应现象"的新课教学中，在探究发生电磁感应的条件时，教师可以设计几组演示实验（如通过条形磁铁的相对运动、改变电流的大小等）得到电磁感应，由学生观察电流表的示数与操作的对应关系，多数学生都能得出一定是某个物理量发生了变化的基本猜想，之后在教师

的引导下，得出磁通量发生变化带来了感应电流。由于只是猜想，这时教师可以安排学生上来围绕该假设验证，让学生自主选择改变磁通量的一种方式，以达到验证的目的。

（三）设计方案，开展工作

1. 利用物理规律验证猜想或假设理论

探究式教学并不等同于动手做实验，要通过严密的推理，借助物理规律，证明猜想。

例如，在研究两个并联电阻的总电阻 R 跟两个分电阻的关系时，可设计出如下的探究活动。

教师提出问题：两个电阻并联后的总电阻与各个分电阻的大小关系如何？

（在教师的引导下，学生通过相互讨论来建立假说）

教师：同学们可能无法非常肯定地做出判断，但你可以根据已有的知识和经验，大胆进行假设。

学生：两个电阻并联后，总电阻可能小于每一个分电阻。两个导体并联，相当于导体的横截面积变大，根据电阻定律可知，导体的横截面积越大，电阻越小。

学生：两个电阻并联后总电阻减小，理由是家用电器都是并联的，用两个家用电器时，电能表走得快些，这表明两个电器并联后电路的总电流变大了，而电路的总电压不变，电流变大，表明电路的总电阻变小了。

学生：……

教师（对学生的猜测进行评价，并对学生的探究方向进行引导）：大家的猜测都有一定的道理，但缺乏足够的依据。我们需要更为充分的理由、更为可靠的依据，同时也希望得到更为精确的结论。如果我们能够推导出并联电路总电阻与两个分电阻间的关系式，这个问题也就迎刃而解了。

（在教师的引导下，学生进行了推导，根据电阻的定义，得到了结论）

教师：利用我们所推导出的关系式，怎样来比较总电阻与两个分电阻之间的大小关系呢？

学生对探究结论进行总结，得出最终结论。

虽然上述过程没有实验设计和实验检验等环节，但学生同样经历了提出问题—建立假说—检验假说—得到结论等过程。在学习过程中，学生始终处于自主探究和积极思维之中，这样的学习也属于探究式学习的范畴，并且明显有助于学生科学思维、科学探究、科学态度等物理核心素养的发展。

2. 教会学生利用数学模型构建理论探究方案

在处理物理问题时借用数学工具，如函数、图像、极限、微元法等，将会更为高效、便捷。

例如，在探究弹性势能的表达式的教学中，教师可以采取如下安排：

我们不妨认为弹簧处于原长时，弹性势能为零，弹簧有形变量被拉长或压缩后就具有了弹性势能。

设定物理情境，展开理论探究。

假设用一水平拉力作用弹簧一端，将其慢慢拉长。

问题一：弹簧的弹性势能与拉力做功有什么关系？

学生（讨论交流）：做功等于势能。

拉力作用在弹簧上，缓慢拉过去，使人的体能转化为弹簧的弹性势能，做了多少功就有多少能量发生转化，所以拉力做功的大小等于弹簧此时具有的弹性势能。如果我们求出了拉力做了多少功，那么弹性势能的大小就可以知道了。如此，就把求解弹性势能问题转化成了求解拉力做功的问题。

问题二：怎么来求拉力做的功呢？

拉力的大小等于弹力的大小。

设问：这样求拉力做的功行不行？

学生：不行，拉力为变力，不能直接代入公式求解。

提问：怎么来处理变力拉力做的功呢？

引导：以前在学习匀变速直线运动中求位移时我们用到了"微分"这样一种思想方法，在这里能不能借鉴一下？

学生（讨论）：可以用无限分割法，把拉力做功分成小段，把弹簧的形变过程分成很多小段，每一小段中近似认为拉力不变。因为这一小段中形变量变化很小，拉力近似不变，所以每一小段恒力做功，拉力在整个过程中所做的功等于各小段拉力做功的累加。利用以前学过的推导公式，可以用三角形的面积推导得到弹簧弹性势能表达式，也可以用定积分来进行表示。

如此，就利用学生较为熟悉的数学模型处理了相关的物理问题，简化了学生的探究过程，让学生的探究过程更加科学和高效，还促进了学生科学探究核心素养的发展。

（四）处理数据，回答问题

处理数据就是对数据进行比较，寻找数据的规律，在数学关系上就是寻找数据间是否相等、是否变化、增大还是减小、正比还是反比等。有时比较数据是比较一个物理量在不同实验条件下的特征，或是两个物理量之和、物理量之比值、物理量的乘积在不同实验条件下的特征。比如，闭合电路的内电压与外电压之和在不同负载时是否变化就是进行数据分析的目标。

高中物理中对实验数据进行分析处理，经常运用数据、图表等方式来描述实验结果和有关信息，通过人工以及计算机的软件进行处理。其中，最常见的是计算列表法。采用列表法时，根据对实验数据关系的预期，列出需要进行比较的数据表格，把原始的数据经过人工计算后填入表格，通过数据的比较发现数据间的规律。

若数据间的关系比较复杂时，列表法就很难发现其中的关系，这时可以采用图像法，做出两物理量的关系的图像。图表在物理实验中担当重要的角色，通常在坐标纸上建立直角坐标系，明确横坐标、纵坐标分别代表的物理量，选择合适的格数代表单位物理量，使图线在绘图区所占的范围尽可能大，描点连线，要求有五个以上的状态点，从连线的走势基本可以确定横纵坐标轴代表的物理量之间的函数关系。

如果两个物理量关系的图像不是直线而是曲线，那么应该通过观察曲线的形状，改变其中一个坐标轴，让它变成原物理量的平方、开方或倒数，或其他的数学关系的量，目的是使画出来的图像是一条直线，从而能够发现与实验数据吻合的定量关系。例如，在利用单摆测定当地的重力加速度实验中，可以建立 L-T2 的坐标系，这样就会得到过坐标原点的直线，斜率会包含重力加速度。

对于无法转化成线性关系的图像，手工绘制的曲线又无法准确知道函数关系的情况，可以借助计算机软件的拟合功能弥补缺陷。

（五）评估与评价

1. 教师应逐步引导学生自己进行评价

探究式教学中的反思包括对探究过程进行反思，主要是反思探究过程中的各个环节是否合理、简洁，有没有违背科学探究的规则；对探究结论进行反思，主要是反思这个结论与权威或现行结论有何区别，为什么会有这些区别，哪一种结论更正确一些，是自己的还是权威的。通过这些反思，对学生问题解决的技能进行一次大检阅，有利于这些技能在相关问题情境中迁移和重新组合。

2. 组织学生进行小组内或小组间的互评

在教学中，教师可让学生公布他们的结论，使别的学生有机会就这些结论提出疑问，审查证据，挑出逻辑错误，指出解释中脱离证据的地方，或者就相同的观察提出不同的解释。学生间相互讨论各自对问题的解释和结论，能够引发新的问题，有助于学生加强实验证据、已有的科学知识和他们所提出的解释这三者之间的联系，最终学生能解决彼此观点中的矛盾，巩固以实验为基础的论证。当学生通过口头或书面等形式进行表达时，就已经把新的言语信息与以往的知识结构联系起来了。

3. 教会学生交流与合作的方法与技能

小组的交流和合作活动贯穿在整个探究过程中。小组间交流有利于学生对自己的行为进行反思，因为在很多时候，一个人或一个小组很难发现自己的缺陷，而当与别人交流时，才会发现自己的不足。在现代社会生活和科学工作中，个人之间和团体之间的交流与合作是十分重要的。交流得出结论，共享探究的成果，并在可能的范围内进行合作，将新知识运用于其他情境，让探究的结果体现科学知识的价值。

第二节 翻转课堂教学模式

一、翻转课堂教学模式的理论研究概述

（一）翻转课堂教学模式的概念界定

"翻转课堂"也就是英文中的"Flipped Classroom"。翻转课堂教学模式是一种新的、颠覆传统的教学模式，它将传统课堂的教学顺序完全颠倒过来，在课堂上不再是教师讲授知识，而是进行作业的完成和问题的讨论，学生进行知识学习的时间改到了课前。学生在课前通过互联网观看教师制作好的教学视频进行自主学习，完成教师布置的作业，宝贵的上课时间就留给学生进行小组合作交流，让他们在教师的帮助下共同解决问题，完成作业。这样，课堂上的主体就变成了学生，每个学生都能有机会参与交流讨论，学生与教师交流的机会也变得更多了。

翻转课堂的教学模式可以让学生更加灵活、个性化地进行学习和探究，这也符合我国新课程改革中探究式教学的理念和培养学生学科核心素养的要求。因此，近些年翻转课堂也受到更多学者和一线教师的重视。

（二）翻转课堂教学模式的特征

1. 课程特征

翻转课堂教学模式和传统课堂教学模式最显而易见的不同之处就是两者课程顺序完全不同。传统教学模式中，教师是在课堂内向学生传授知识，而翻转课堂教学模式中，知识传授的时间放到了课前。而且，知识传授的方式也截然不同，前者主要是教师讲述，而后者是由学生观看教学视频进行自学。课堂上，传统教学大多数情况下是教师讲述学科知识而学生被动地接受。由于高中物理大多是公式或者概念，教师需要在上课时间内完成教学任务，所以很多学生没办法在课堂上及时理解教师所讲的学科知识。而翻转课堂教学模式让学生在课前带着教师布置的问题和作业观看教师制

作的学习视频，之后在课堂上解决难度大的知识点和问题，这样学生可以在课堂上互相交流讨论，在教师的帮助下合作探究解决问题的方法，有不懂的地方可以及时地在课堂上向教师请教。这种教学模式让课堂不再沉闷和无聊，反而能够提高学生的积极性，并通过自己的努力解决问题，也会更加有信心面对之后的学习。

2.学生特征

在翻转课堂中，学生不再以一种被动接受状态坐在座位上一言不发，而是在课堂上积极参与问题交流、相互协作，变成了课堂上的主体。在任何活动中，大多数学生都想让自己成为活动的积极参与者，而不是活动的旁观者，教学活动也一样。学生是一个个具有独立思想的个体，他们也希望自己能够在集体活动中被需要，并做出自己的贡献，发出自己的声音。在实践教学中，教师经常可以发现有些学生在课外活动时活蹦乱跳、积极主动，但是一到课堂上就变得兴趣乏乏，课堂上的互动也不愿意参与。究其原因，这类学生就是没有参与到课堂活动中来，而是被动地跟着教师来学，从而使其积极性大打折扣。但在翻转课堂中，由于学生提前学习了学科知识，完成了作业，从而产生了很多问题，而在课堂上又有一个很好的交流沟通的环境，于是学生更愿意主动地交流解决问题。在学科知识的学习方面，传统课堂中，一个班上的所有学生教学进度都一致，教师没办法顾及每个学生接受水平的差异化，有的接受能力和理解能力较强又进行了预习的学生会觉得课堂上讲的知识太过于简单，不能最大限度地发挥其学习能力；有的学生理解能力较差，上课的内容对于他们来说没办法接受和及时消化，这也会打击他们的自信心，使其形成厌学心理。而在翻转课堂中，学生能够自主决定学习进度，接受能力强的学生可以尝试完成较难的作业和任务，而接受能力较差的学生可以从相对简单的题目入手，理解知识，增强自信心。

3.教师特征

翻转课堂教学模式对教师提出了更高的要求，教师不再只是进行知识的传授，而是转变为教学活动的主导者。

在传统课堂上，教师的工作主要是向学生传授学科知识，并讲解大量题目，以此让学生掌握解题技巧。这样的话，教师面对每一届学生时，上课内容几乎是不变的，极大地制约了教师创新能力的发展。在课堂上，很多时候教师都是名副其实的主角，一个人讲，一群人听，课堂一直都以教师为中心。很多传统的课堂都是填鸭式的教学，教师要在有限的上课时间内将大量的知识灌输给学生。由于教学方式的限制，教师无法为不同的学生制订不同的学习计划，学生的学习进度完全一致，很难实现因材施教，这也是很多辅导机构应运而生的主要原因。

而在翻转课堂中，教师需要在课前为不同能力层次的学生设计不同的教学计划，查找或者制作微课视频，以供学生课前学习。在课堂中，教师要引导和组织学生进行合作交流，解决学生碰到的难点问题。在此教学模式中，教师作为教学活动的主导者、学习资源的开发者、合作探究的组织者而存在。在翻转课堂的教学模式下，教师需要根据不同学生的特点制订学习计划，查找、制作和开发学习资源，以供学生课前学习。在课堂上，教师要组织好小组讨论，起到监督、解疑和指导的作用。翻转课堂教学模式能帮助教师更好地了解学生学习的实际掌握情况，提高课堂效率，同时需要教师在信息技术能力、课堂活动组织能力、制作微课的创新能力等方面有更高的水平。教师在制作教学视频时，不仅需要将规定的学科知识讲述清楚，还要注重视频的趣味性和新颖程度。

因此，教师不再是对一届又一届的学生重复讲几乎一样的内容，而是不断提升自己的教学水平和创新能力。

二、核心素养导向的高中物理微课教学模式设计与分析

从国内外教育界翻转课堂的成功实践来看，翻转课堂都可以说是一种科学、合理的教学方式。翻转课堂对于激发学生学习热情、增强学生的学习信心、减轻教师负担、改善课堂纪律、提升学生学习成绩等方面功不可没，更是与素质教育的理念相契合。

（一）翻转课堂教学模式设计

1.翻转课堂教学模式设计的基本原则

翻转课堂的设计应该符合翻转课堂及其基础理论的一般要求，必须遵

守一定的基本原则。

首先，设计翻转课堂必须坚持以学生为中心的原则。翻转课堂从本质上讲是取代传统教学的以教为主，变成以学为主，而这就要求学校和教师都要转变观念，以学生为中心来安排教学规划，翻转课堂的设计自然也不能例外。

其次，设计翻转课堂必须坚持以促进学生自学为主的原则。现代化教育理念普遍认为，只有学生通过自学的知识才能在知识内化环节更容易、更深刻，翻转课堂在很大程度上就是为了调动学生自学的积极性，放弃填鸭式的教学模式，从而激发学生自我学习、自我提高的积极性。

最后，设计翻转课堂必须坚持促进学生合作互助的原则。合作互助学习既能加强学生对知识的理解和掌握，也能够促进其组织能力、语言表达能力、与人合作能力，这是对素质教育的最好践行，理应在设计翻转课堂时予以重视。

2. 课堂前的环节设计

教学微视频是翻转课堂的核心环节之一，课堂前的环节主要体现在教学微视频的制作方面。

教师可以根据自身拥有的硬件设备选择不同方式制作视频，如今发展迅猛的智能手机对微视频的制作也是一个非常有用的工具。采用的展示软件一般以 PPT 为主，辅以音频和图像及字幕。

微视频内容要紧密围绕教学要求。翻转课堂只是一种新的教育手段，并未改变教学目的，这一点是教育工作者应该谨记的，所以必须围绕教学要求、教学任务来展开。物理教学的意义在于让学生透彻理解、掌握、运用物理概念、规律和现象，并以此来阐述、解决现实生活中遇到的问题，因此微视频设计必须紧密围绕此要求进行。

由于物理课程所要讲述的概念、原理、规律过多，知识很多时候显示出零散性的分布，因此建议微视频中最好包括所学知识的整体导图、架构，以便学生在掌握零散的知识点时能够有整体认识，将物理学概念、规律联系起来理解，从而把握整体的知识脉络。

微视频在内容方面必须做到精心筛选，不能像传统课堂一样面面俱到，一定要做到该讲的内容必须讲，不该讲的内容一定不能讲，该讲透彻的内容必须力求透彻明白，暂时无法讲透彻的内容必须留有余地。

除了教学内容外，微视频的另外一个重要任务在于引领学生自主学习、积极思考，传授给学生科学的探究方法，并培养学生良好的物理观念、科学态度等。因此，在微视频的制作中，教师要以问题为导向，以任务为驱动，以此来激发学生的热情。对此，在微视频中，设置学习任务单就成了一个必要的环节，教师可以根据传统教学经验设置一些难度适中、有一定挑战性的核心问题，促使学生带着问题去学习、翻阅资料、思考，促进学生相应物理核心素养的发展。

3. 课堂中的环节设计

课堂中主要包括课堂导入、合作学习、交流展示、答疑解惑、巩固训练等环节。

课堂导入类似于主持人开场白的行为，由任课教师提出问题，引发学生思考和解答，从而顺理成章地将课堂带入第二环节，即合作学习环节。

合作学习环节充分体现了学生自主学习、互助合作的精神，是翻转课堂教学模式的重中之重，教师负责安排好讨论小组和做适当的引导后，就尽可能地旁观，仅在必要的时候出声引导和维持课堂纪律。

合作学习过程中，小组成员在主持人的主持下有序开展讨论，各抒己见，充分调动主观能动性，集思广益，使问题在一定程度上得到解决或者提出新的疑问。如果小组讨论仍然没有结果，就可以向其他小组寻求帮助，展开小组之间的交流合作。如果问题得到解决或者产生可能解决的思路后，由学生代表在课堂上进行展示，同时与其他小组学生进行交流对话，然后尝试解答。对于解决不了的问题，留待答疑解惑环节等待教师解答。

在答疑解惑环节，教师不能像传统课堂一样依据书本例题刻板地、面面俱到地讲解，而应该对学生讨论学习中出现的个性、共性问题进行解答，或者给予学生新的解答思路，以启发学生再次思考，随后教师可以讲述核心学习内容。

在巩固训练环节，教师根据学生的掌握情况提出进阶型的问题，以检测学生的学习效果，并做出以正面、鼓励为主的评价。

4. 课堂后的环节设计

翻转课堂教学模式是新的教育模式，它不是重新创设了学习的本质方法，而是深谙学习的本质需求，因此课后复习仍然是翻转课堂所必需的环节。子曰："学而时习之，不亦乐乎。"它说的就是孔子对学习的本质方法的观点，学习新的知识而不课后巩固，就如同石子扔入水池中产生的涟漪，尽管产生一阵晃动，最终又归于无形。对于物理教学中的抽象概念及规律的掌握也是如此，学生需要课后通过看视频、做习题、做实验的方式进行复习，使知识真正能够在内心生根。

5. 课堂外的环节设计

翻转课堂教学模式的践行不仅仅体现在课堂内的开展，更在于课堂外的种种支持。没有配套软硬件的支持，翻转课堂也只能是无源之水、无本之木，不能进行下去。概括起来，必须做好以下三个方面的准备：

首先，必须让教师、学生接纳翻转课堂的心理准备。只有师生真正接受这种教学模式，才能够全身心地投入，进而享受翻转课堂带来的种种益处。其次，学校方面应给予足够的支持。学校对翻转课堂的支持不能停留在喊几声口号、唱几句赞歌上，更应该切实地在物质方面予以支持，这样才能使翻转课堂开展下去。最后，学生家长必须对翻转课堂予以支持。学生的教育不仅仅是学校的事情，更是家长的事情，学生充分利用在家的时间进行微课学习，因此家长对学生学习的影响至关重要，他们的态度和支持力度也直接影响到翻转课堂能否开展下去和开展的效果如何。

总之，开展翻转课堂是一个课堂内、课堂外下功夫的系统性工程，不仅需要教师的钻研，更需要诸如学校、家长乃至整个社会的支持。

（二）核心素养导向的高中物理翻转课堂教学模式分析及建议

实施翻转课堂教学模式，教师是其中的关键性因素，所以必须在心理上做好接受的准备，并能够切实地转变角色定位和职责。同时，必须树立以学生为中心、平等对待每一个学生的学生观，必须倾心培养、发掘学生的学习兴趣、自学能力、合作能力，增强学生的信心，如此才能够为具体的翻转课堂设计奠定坚实的基础，并利用物理核心素养的相关知识内容进一步地提升翻转课堂教学模式的效果，落实新课程改革的教学精神和目标。翻转课堂的四个具体环节对于翻转课堂来说都非常重要，任何一个环节有所纰漏，都会影响课堂的实际效果，甚至关乎教学成败。

微视频的制作是课堂前环节的核心任务，而对学生的学习者分析则是微视频制作的首要环节。学习者分析可以为后继培训设计活动提供很大的帮助，如设置合适的情境、提供促进学习动机的信息活动、整理教学材料等。教师根据自己的带班经验，稍稍下功夫就可以做出比较准确的学习者分析，包括学生的物理核心素养水平、学习态度、动机及起点能力等，在此基础上设计视频内容和设置问题将事半功倍。

微视频的内容无疑是微视频的灵魂，教师在做视频时切忌传统教案的冲动——面面俱到地讲述一切，而应该有所取舍，对于整体学习脉络、重点概念、规律、学生学习的难点必须讲，对于简单的内容则不需要讲，去芜存菁；对于难度大且重要的必须讲，而且要讲得透彻明白，对于重要但是难度不太大的不一定要讲透，可以留给学生思考，促使学生动脑筋自己解决。

丰富、正确的内容固然是一个优秀的微视频所必需的，但微视频的画面清楚度、声音清晰度、时间长度等微小因素也不容忽视。画面不清楚、声音不清晰容易让学生产生疲劳感，也降低学生观看微视频的兴趣。因此，教师在制作微视频时必须精益求精。因此，不能认为内容无懈可击的视频就是一个成功的微视频，还必须考虑到细节的完美。心理学家认为，学生在课堂上的注意力是随着时间变化而变化的，呈现基本固定的曲线。在45分钟的课上时间里，前10分钟学生的注意力最为集中，是讲授课程的黄金时间，10分钟过后随即发生重大衰减。因此，微视频应力求短小精悍，最好在10分钟左右，最长也不应该超过20分钟，否则将事倍功半。

在翻转课堂中，一个引人入胜的开场白是优秀教师的必备武器。罗素曾说过："一切学科本质上应从心智启迪开始，教学语言应该是引火线、冲击波、兴奋剂，要有撩人心智、激人思维的功效。"这句话之于课堂导入的开场白来说恰如其分。比如，以讲述故事的方式或者看一小段电影的方式引出问题，都是很好的尝试。一个好的开始能激发起学生学习的兴趣，之后的学习自然劲头十足、水到渠成、事半功倍。根据学习金字塔理论，采用不同的学习方式，学习者的学习内容平均留存率呈现出巨大的差异。传统的"教师讲，学生听"的方式学习内容平均留存率最低。因此，如何成立有效的讨论小组意义十分重大。一个有效的小组应该是规模恰当、分工明确的小团队。从国内外的教学经验来看，3—5 人的小组规模是相对合理的。在这样规模的小组中，每个人都有发言的机会，又有集思广益的能力。另外，小组还可以设置主持者、记录者、时间控制者、总结发言者等角色，这些角色可以锻炼小组成员不同的能力，如组织力、控制力、归纳力和把握细节的能力，并且可以由小组成员轮流担任各个职责。教师在小组讨论开始后可以不必参与其中，只进行偶尔的点拨与指导，注意留心小组讨论的思路和共性的问题即可。鉴于一节课 45 分钟，小组讨论设置在 15 分钟为宜。

　　小组讨论后，教师应该针对讨论中出现的共性问题，以及学生展示阶段提出的问题给予回答，或详或略。同时，教师应及时提供针对性的巩固习题，趁热打铁巩固所学知识，再让小组展示结果。教师的答疑解惑与讲解授课内容以 15 分钟为宜，巩固练习以 10 分钟为宜，最后 5 分钟课上时间则可以留给教师做总结，将所学内容系统化，形成整体知识脉络。

　　课后环节对于知识的巩固也十分重要，且对于物理概念课来说，单纯的视频讲解与讨论永远无法取代课后的习作和实验。课后环节光依靠学生的自觉是不够的，需要学生家长给予更多的关注，参与到学生的学习过程中，陪学生观看教学视频，与学生讨论教学内容，这些都可以强化学生学习的自觉性。

　　在课外环节方面，学校的支持至关重要，关系到翻转课堂是否能够有效实施下去。学校要做的就是供给各种资源，如教学视频不可能全部由任课教师制作，任课教师的精力不可能承受这种工作，也不可能限于几位教师的努力，应该归属于学校层面的系统工作。首先，学校应该建立在线学习物理资源库，让学生、教师都可以在课堂、图书馆、家里轻松地获取资源。其次，学校还应该提供设备、软件保障。比如，为师生申请云盘，这样方便传输、保存文件，为教师提供录制微视频的设备，为师生提供网络数据库的账号，方便师生从慕课等网站获取资源。同时，积极联系学生家长，争取配合。最后，学校还应该组织所有物理任课教师，鼓励、支持、奖励任课教师制作、改进、完善自己的视频，并集中所有教师的力量，建设学校内部微课资源库，以形成符合本校教育特点的具有鲜明特色的资源库。

将翻转课堂分成四个部分，分别予以仔细斟酌、考量，基本上就能设计出相对合理的翻转课堂模型。至于现实中是否能有效地运用，也很考验任课教师的经验与水平。每个任课教师都可以根据自身的特点，在课堂设计时加入属于自己教学风格的元素。

三、高中物理应用翻转课堂教学模式的建议

（一）对学生的建议

1.纠正错误认识

第一，翻转课堂并不是万能的，并不能解决教育中存在的所有问题。进行翻转课堂最主要目的是提高学生学习的自主性，从而提高教学效率。但是，学生具有个体差异，单一的教学方法不可能适用于每个学生，自主性好、积极性高的学生进行翻转课堂教学肯定要优于自主性差、积极性低的学生，这些是需要时间来慢慢调整的。

第二，翻转课堂并不是什么"视频代替说"。由于微视频在翻转课堂中的位置非常重要，部分人士就会认为，只要有了视频，教师的工作就轻松多了。其实不然，教师的工作量会大大增加。实践表明，翻转课堂所需的教学容量约为传统教学的两倍，这说明教师要花费的时间和精力比传统教学更多。教师不仅要做好正常的备课工作，还要学习各种新兴软件，思考学生可能提出的疑难问题以及安排好课堂时间分配等。

第三，翻转课堂并不是要原封不动地按照既有的形式进行。实施翻转课堂要根据本地区和教学的实际情况而定，并不是要每节课、每种类型的课都进行翻转，也不是一节课的所有内容都必须翻转，更不是每次翻转所采取的形式都必须是微视频和导学案。教师应该依据实际情况和学生的学习状态选择性地进行翻转，应轻其形式，重其目的。同时，教师也可以采用小实验、课外活动、音频等形式帮助学生学习。只有对其有了正确的认识，才能有效地利用翻转课堂这一教学模式达到目的，否则就会适得其反，对教师的教学工作产生更多的困扰。

2.学会适应与调整

翻转课堂对学生自身的学习主动性、小组间的合作学习以及自我思考

与探究等方面有较高的要求，但是刚接触翻转课堂教学的学生可能存在适应性差、与原有的学习方法相冲突等学习问题。要想使学业以及学生的物理核心素养水平更上一层楼，就必须学会摸索和适应，并对已有的学习方式做出调整，寻找适合自身的学习方法，注重从传统课堂到翻转课堂的转变，注重与教师和同学的交流与互助，注重思考、总结与变通，用适合自己的更加科学的学习方法有效地掌握科学知识。

（二）对教师的建议

1. 提高教学资源质量

翻转课堂的教学资源主要是微视频和导学案，学生自主学习的内容载体主要是微视频和导学案，而高中物理对学生而言难度较大，所以教师在制作微视频和导学案时，一定要从学生的角度出发，控制好微视频和导学案的难度，把握好重难点，同时要思考如何让学生积极地参与进去。实践表明，在学生第一次进行视频课程学习时，多数学生不是认真听讲，而是在做笔记。在此基础上，尽可能提高教学资源的趣味性和多样性。比如，教师可以在录制视频时改变自己的语调，使语言尽可能准确、幽默，也可以将与学生共同做的小实验放上去，多列举与生活息息相关的实例来吸引学生的注意力，还可以寻求名人、学生榜样或引人注目的声音进行变音录制，力求提高学生学习的积极性。另外，教师在录制视频时也可以拓展教学资源，如采用小实验、课外活动、音频、游戏练习等形式帮助学生学习。

2. 问题设计恰到好处

教师在翻转课堂教学中起着重要的引导作用。学生学习到了多少知识，主要在于学生是否对问题进行了积极的思考，而学生的思考在于教师是否能恰到好处地引导或提问。所以，教师在视频的制作过程中和在课堂上都要依据教学内容，认真思索，精心设计问题，以激发学生的物理学习兴趣，提高其学习主动性。比如，教师在微视频中讲解到重难点部分时，提出设疑，引发学生积极思考；在课堂小组讨论时，设计问题，步步引导，帮助学生找到答案。

3. 合理配置小组人员

翻转课堂实施过程中的很多活动都是以小组形式开展的，这样不仅可以解决部分学生的疑难问题，还可以培养学生的团队合作精神，但是小组的人员配置一定要合理。首先，小组的人数要根据所在班级的具体情况合理分配，人数不要过多，也不要过少，4—6名学生就行，而且最好保证每组的人数相等，以便教师日后的管理。每个小组成员的座位安排以前后两排为宜，这样方便课堂上的讨论和交流。其次，小组成员的构成最好包括各个学习程度的学生，同时要兼顾男女比例的均衡，这样就可以让学生互帮互助，共同进步。另外，方便教师任务的下达，不用因为学生层次不同而分配不同的任务。最后，在每个小组中都要有明确的任务分配，还要选出一位认真负责的学生作为小组长，专门负责分配任务、监督本组学生学习以及与课代表或任课教师沟通等工作。

第三节　合作教学模式

一、合作教学模式的相关理论概述

（一）合作教学模式的概念界定

合作教学是作为20世纪中期兴起的一种教学理论与策略体系，广受人们欢迎和好评。但对于合作学习的定义，不同国家、不同地区的研究各不相同，所以这一概念的界定也就各不相同。事实上，我国古代教育体系中就已经孕育着合作教学的萌芽。教育学家夸美纽斯作为教育界第一人首先开始尝试使用合作学习。到了20世纪中期，美国的许多学者开始推行教育改革，各种教学方法、教学策略如雨后春笋般发展起来，形成了百花齐放的良好局面。

合作教学的主要代表人物之一、美国约翰斯·霍普金斯大学的斯莱文教授指出："合作教学能够使学生在小组中担任完成学习活动，结合每一个小组对任务的完成情况给他们成绩和评价，对表现优秀的个人给予奖励和表扬。"

美国明尼苏达大学合作学习中心的约翰逊兄弟指出："通过将学生分

成小组的形式，让学生共同研究问题，这样一来不但可以完善个人能力的发展，也可以促进彼此之间的合作能力的培养。"约翰逊兄弟从传统的小组学习与合作学习小组的比较中区分合作教学的特征，在明确区分二者差异的基础上，总结出合作教学的基本要素，分别是互赖关系、互动积极、个人责任、社交技能、自我评价。

卡甘博士是对合作教学做出突出贡献的学者。他从儿童行为中的合作与竞争开发合作教学的理论，后又开始研究具体的实践，在具体的实际教学中推广合作教学。他提出结构法等十余种可以灵活与结构法相结合的教学方法，使合作教学的方法论体系日趋完善。他提出合作教学的小组必须是异质分组，小组成员一起完成一个任务，每个学生都要通过互相帮助来完成同样的课题。

以色列特拉维夫大学沙伦博士是著名教育心理学家、合作学习的重要代表人物，对合作教学进行了这样的界定："合作教学是促进课堂小组学习的有效方法和策略的总称。小组成员的构成通常不超过 6 人，在教学过程中，这些成员通过分组活动实现学习任务的完成，以小组成为一个个的基本单元构成课堂，同学在这些单元中互相帮助、互相学习，当然也有个人独立的自主学习。"

我国也有许多研究合作学习的专家。著名专家王坦指出："合作教学首先要构成异质分组，在小组活动中，通过互助合作的方式达到学习目标，学习结果的考量不是依据个人的成绩，而是全组的成绩，以全体组员的表现来衡量学习的质量。"

我国教育学者王红宇指出："合作教学就是以小组为单位的课堂组织形式，异质分组，遵照一定的教学秩序，在学习知识的同时，也增进学生的情感态度与价值观等非智力因素的培养。"

（二）合作教学模式的特征

关于合作教学特征的研究，不同学者的表述各具特点，但其核心特征是一致的。合作教学究竟有哪些明显的共同特征？现将不同学者的表述进行如下归纳。

关于合作教学基本特征的表述最早、影响力最大的是斯莱文的三要素说和约翰逊的五要素说。斯莱文指出:"不仅把合作教学定位于小组的形式,还强调三要素:小组奖励、个人责任、人人成功机会均等。"而约翰逊兄弟把合作教学的基本特征概括为五个要素:积极依赖、面对面的促进互动、个人责任、人际和小组技能、小组自我评价。相对斯莱文的观点,约翰逊的概括更明确全面,接近合作教学的实质。

北京师范大学心理学院教授伍新春综合斯莱文和约翰逊兄弟对合作教学的要素概括,在借鉴国内外学者对合作教学目的、本质理解的基础上,将合作教学基本特征概括为五个要素:积极依赖、个体责任、异质分组、社会技能和小组自加工。只有具备了这五个要素的教学方式,才能称为合作教学模式。其中,积极依赖和个体责任是核心要素,异质分组是基本要素,社会技能是前提条件,小组自加工是起促进作用的要素。伍新春教授关于合作教学特征的概括使人们认识到合作教学各个要素所起的作用和地位。

综合国内外的观点来看,不同形式的合作教学都具有以下基本特征:

1. 积极的相互依赖

学生不仅知道要为自己的学习负责,而且要为小组中其他同伴的学习负责。为了使学生关心彼此的学习,他们必须坚信他们之间是"人人为我,我为人人"的关系,他们是荣辱与共的。小组组员都要认识到"除非他们的组员取得成功,否则他们自己也不能获得成功,反之亦然,他们必须将自己的努力同其他组员的努力协调起来,以完成某个任务"。学生的这种合作动机一方面可以通过集体奖励结构来激发和维持,另一方面他们之间要有清晰的共同的小组目标。例如,确保所有组员完成作业。具体而言,有许多方式可以构建积极的相互依赖。

(1)积极的目标互赖

全组至少要完成一个共同目标。

(2)积极的奖励互赖

某个组员得到奖励时,其他组员也会得到奖励。

(3)积极的角色互赖

为了完成某一任务,各组员被分配一些互补性的、相互联系的任务,如精确性裁判负责纠正别人在解释或总结中的任何错误,联络员负责小组与教师及其他小组进行联络和协调等。

（4）积极的资料互赖

每个组员只拥有完成某项任务所需的一部分信息、资料和工具。

（5）积极的身份互赖

全组共享一个身份。

（6）积极的外部对手互赖

全组组员合作战胜共同对手。

（7）积极的想象互赖

全组都想象自己在共同的虚拟情景中学习。

（8）积极的环境互赖

全组合作学习时紧紧围坐在一起。

2. 面对面的促进性相互作用

面对面的促进性相互作用指学生之间有机会相互交流、相互帮助和相互激励。只有通过彼此的相互作用，才能产生预期的合作效果。

（1）产生合作性的认知活动

例如，口头解释解决问题的过程，讨论所学概念的性质，将自己的知识教给小组其他成员，阐明所学知识是如何与已有知识相联系的。

（2）产生社会性规范和影响

例如，同伴承担一定责任，同伴之间相互启发和促进，影响了彼此的推理和结论等。

（3）产生反馈

通过言语和非言语反应对彼此的学习表现提供重要的反馈。

（4）调动组员积极性

有机会影响缺乏学习动机的同伴参与学习。

（5）产生人际关系影响

使彼此获得了解并建立良好的人际关系。

在合作教学课上，教师应当最大限度地提供机会，使学生相互帮助、相互支持、相互鼓励，并对彼此为学会而付出的努力给予赞扬。为了使面对面的相互作用富有成效，小组的规模不宜太大，一般以2—6人为宜。

3. 明确的个体责任

个体责任指每个组员必须承担一定的学习任务，并掌握所分配的任务。

为了落实个体责任，每个组员的作业必须受到评估，并且其结果要返回到个体组员。小组成员必须知道在完成作业的过程中，谁最需要帮助、支持和鼓励，并保证不能有人"搭便车"。合作教学小组的目的是使小组中的每一个成员都在可能的范围内成为强者，而个体责任是使所有成员通过合作学习取得进步的关键。为了达到这一点，教师可以尝试许多途径，如在对每一个学生进行测验后，随机抽取某些学生的作业来代表整个小组的成绩，让学生将其所学教给小组其他成员，让学生向小组解释所学内容等。

4. 社交技能的良好运用

社交技能是小组合作教学是否有效的关键所在。如果学生缺乏社交技能，即使被放在一起被迫合作，效果也会大打折扣。为了协调各种因素，达成共同的目标，学生必须做到彼此认可和信任彼此，进行准确的交流，彼此接纳和支持，建设性地解决问题。只有这样，组员之间才能进行有效的沟通，学会共同的活动方式，建立并维持组员间的相互信任，以及有效解决组内冲突等。教师必须教学生一些社交技能，以帮助他们进行高效合作。一般来说，学生的社交技能越高，教师对学生运用社交技能的奖励越高，教师越关注学生的社交技能，学生在合作教学中获得的学习成绩就越高。

5. 小组自加工

小组自加工，亦称"小组自评"，指小组成员对小组在某一活动时期内，哪些组员的活动有益或无益、哪些活动可以继续或需要改进的一种反思。由于小组人员与小组任务都具有不同的特点，每个组员的活动效果和效率、整个小组互动模式的效果也不是一成不变的，所以合作小组必须定期评价共同活动的情况，以保持在达成共同目标中小组活动的有效性。小组自加工的作用在于有利于组员维持彼此之间的良好工作关系，便于组员学习合作技能，增进组员对自己参与情况的了解，促进组员在元认知和认知水平上的思维，强化组员的积极行为和小组的成功。

二、核心素养导向的高中物理合作教学模式实施

（一）科学组建小组

1.小组规模的确定

组建小组是进行合作教学的第一步，也是合作学习取得成功的基础。小组规模要考虑到学习目标、学习资源、学生的能力等许多因素，一般以2—6人为一组，总原则是"规模越小越好"。对于如何确定合作性学习小组的规模，约翰逊兄弟提出了两点见解：学习小组规模越大，学生的想法就越多，各种能力水平层次越不平衡，就会有更多不同的意见，同时成员间的交流和碰撞也就减少，降低了小组成员间的友谊和个人提供的支持；小组的规模越小，越容易识别学生在合作中的问题，学生越不会偷懒。也就是说，当小组教学中的人数越合适时，学生越能够发挥自身的潜能，提升自己在课堂上的参与度，从而更好地实现教学目标，深化物理观念，提升科学探究素养，促进自己良好的科学思维、科学态度与责任素养的发展。

经验告诉人们，大班教学中每一个学生参与活动的时间很少，而小组教学的方式可以让更多的学生参与学习活动，积极思考，踊跃发言，而不是寄希望于教师点名或者自告奋勇地发言；个别胆小的学生更不用害怕当众发言而语无伦次。这就是合作教学的优势。与此同时，小组化教学可以帮助教师更加直观地发现学生中存在的问题。学生在合作学习的过程中，不断产生思维的碰撞和交流，学优生和后进生互动互助频繁，教师更容易觉察学习中存在的困难和疑惑。由此可以看出，小组的规模不宜太大。

因此，从经验来看，结合高中班级的特色和小组教学的本质需求，以6人为一组的方式为最佳。这可以保证学生在进行合作的过程中都能够有充分表达的机会，能够进行充分的交流，更好地承担个人的责任，减轻个人的心理压力，并促进小组的积极互动。

2.异质分组

确定好小组的规模以后，教师还要遵循"差异即资源"的理念，秉承"组内异质，组间同质"的分组依据。一个组内的成员组成应包括资质不同的学生，这些学生按照学习能力、学习成绩、性格特长等方面来进行合理搭配。

这样，既可以保证各组之间总体实力较为均衡，也能保证组内的成员互相取长补短，个体各显神通，从而形成"内部合作，外部竞争"的良好局面。操作过程最好是由熟悉了解学生的教师来完成，教师可以把受欢迎的学生和性格孤僻的学生放在一起，把自我约束能力不足的学生和行为习惯良好的学生放在一起，把偏爱学习文科的学生和理科成绩突出的学生组成一组，并且向学生声明，每个小组都有自己的特色和优势，是独一无二的。在分组完成后，学生通过给小组取名，制定组训、组规、组徽等开展丰富的相互认识活动。

3. 小组成员的角色分配

特定角色的分配有助于小组成员更好地认清自己的职责，培养学生良好的合作学习兴趣。教师在使用合作教学模式时，可以要求每个学习小组设立常务组长和学科负责人。常务组长主要承担管理日常行为、记录出勤情况、维持课堂秩序、与课代表和班长联系等工作；学科负责人负责某一学科的学习情况，如分配物理学习的任务、主持讨论和发言、调控物理课堂讨论的节奏、汇总讨论的结果、归纳评价组员的表现等。组长一般由威信高、学习能力强、品德良好、有信誉的学生担任，而学科负责人可由各小组成员自荐或推选，也可由组员轮流担当。

要想高质量地完成合作学习任务，就要求每一个成员的任务细化、角色明晰，让每个人都参与进来，并给时间记录员、评价总结记录员、观察员、官方发言人、发言代表等不同角色命名，让每个学生觉得自己责任重大，使命感和归属感油然而生，自然而然地融入集体参与合作。学生在分工合作的过程中，既要担当不同角色，又要完成不同的学习任务，这样各方面的能力都能得以培养。这些角色的分配也可以过一段时间进行一些调整和轮换，结合不同学生的学习进步状况和个人积极努力的表现程度而定。

（二）挖掘课程资源

1. 确定合作教学目标

系统设计教学理论认为，学生只有对学什么、怎么学、新旧内容的前后关联的构架有较为清楚的把握，才能积极主动地参与到学习过程中。教师在准备一节课时，首先要明确这节课的教学目标，明确教学结束后学生的物理核心素养要达到的新水平。学习活动一开始就确立目标，有利于激发学生的学习热情和积极性。只有让学生认识到目标是自己感兴趣的，通过努力有可能达到，才能使学生产生学习的兴趣和积极性。因此，在使用合作教学模式时，教师一定要确立好合作教学的目标。

合作学习的目标包括学业目标和社会技能目标，向学生说明具体要学什么，知道他们通过这次合作学习掌握哪些新知识和提高认知性与合作性能力。基于核心素养的教学需求，教师在确定教学目标时，要将核心素养隐形地内化在目标之中，并且无须特别向学生说明。

2. 解释合作教学任务

在明确了合作目标之后，下一步就是向学生解释合作学习任务，即向学生讲清楚实现目标需要完成哪些任务，怎样完成任务。而这就需要教师首先围绕要实现的合作学习目标深度挖掘教学内容和相关资源，构建课堂结构流程设计，选择恰当的内容和方法进行合作学习，完成合作任务的设计，并确定成功的标准，向学生解释合作学习的任务。

选择什么样的内容来进行合作学习呢？不是所有的问题和教学内容都适合应用合作学习的方式。一般来说，简单的知识和简易的操作是不需要合作学习的，如一个容易理解的概念、一个直接简明的规律，个体完全能够胜任，可以让学生自主学习完成。而对于一些仅凭个人的能力无法实现的目标，认知有难度的、理解过程繁复的、答案有争议的、结论多元开放的问题，就可以作为合作学习的内容。在一节课中，这样的任务不应选择太多。例如，与加速度相关的知识新授课教学中，教师可以选择"加速度概念的建立""加速度跟速度、速度变化量的区别"两个问题，采取合作学习的方式完成。其中，加速度概念的建立需要学生通过大量的生活体验对比抽象出一个速度变化快慢的概念，这对认知能力和抽象能力还较弱的学生有难度，但是对学生物理观念素养的形成有很大的帮助；而加速度跟速度、速度变化量的区别是本节课的重点和难点，是历届学生最易混淆的薄弱环节，通过合作学习的方式，更容易强化比较和增强甄别，也有助于学生建立起良好的科学思维体系。因此，这两部分内容非常适合作为合作教学主题的素材内容。

确立了合作教学的目标和内容后，下一步就是要将目标和内容细化分解成具体的合作学习任务解释给学生，并告知他们成功的标准，以引导他们完成任务，同时能够更好地达到教师对学生物理核心素养发展的期望。这里要注意以下三点：首先，合作教学任务紧扣合作学习目标，目标是任务的主旨，任务是目标的实现；其次，任务的呈现应该是明确、可操作的合作学习行动指南，让学生清晰地了解在接下来要开展的合作学习中应该做什么；最后，一定要向学生解释成功的标准。在向学生解释要完成的教学任务时，同时提出对学生期望达到的标准，即什么样的表现就算是成功地完成任务。这种标准必须是具体可测量的，如完成的正确性、完整性和时间限制等。

3. 展开合作教学过程

教学任务是否能够顺利完成，在很大程度上同展开环节的课堂结构是否得以优化有关。教师可以结合教学实践，通过对高中物理课堂合作学习的基本教学步骤进行分析，将其作为合作教学的简单结构单元。高中物理课堂教学合作学习的基本教学流程为：创设情境、生成任务—独立思考、灵感捕捉—合作探讨、展示观点—交流反思、总结评价。结合高中物理学科的特点以及具体的教学任务，以上程序可以是整节课的教学流程，也可以是一节课中某个任务的完成步骤。具体如图3-1所示。

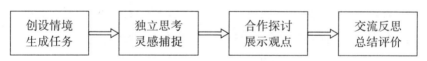

图3-1　课堂教学的基本教学流程

（1）创设情境、生成任务

明确课题，使学生清楚自己的任务和要达到的目标；确定成功的标准，成功标准就是告诉学生什么样的表现可以达到教学目标的要求，包括学生可理解的学业目标和社会技能目标；规定学生的行为方式，教授合作的技巧，必须让学生知道在合作学习中哪些行为是正确的，哪些行为是应该尽量避免的，并授以必需的合作技巧。

（2）独立思考、灵感捕捉

独立思考是合作教学成功的前提。每个学生在加入小组进行合作学习之前，都应该对即将进行的任务独立思考，尝试独立解决。在自主尝试的过程中，每个人都会有思想的火花闪现，要对其进行及时捕捉，试图找到解决问题的切入口，并了解自己在解决问题的过程中存在怎样的困难，能够进一步提出问题，这样在进行合作学习时更有针对性。

（3）合作探讨、展示观点

学生完成自主学习之后，对要学习的内容有了一个基本的认知，这个时候可以根据教师分配的小组任务和设计的问题引导开始组内讨论、合作探讨。在课堂教学中，教师应根据教学目标的要求，深度挖掘教学资源，向学生提供一些合作探讨的线索和思维导图，启发学生的思维，便于学生通过讨论找到解决问题的正确方法，顺利地得到问题的答案。在"异质分组"的合作小组中，成员们可以分担不同的任务，也可以共同完成一个任务。有了自主独立思考的过程，当小组成员开始讨论的时候，会重新审视自己小组所探讨的问题，验证推理，修改完善自己最初的构想，形成小组的共识，得出相应的结论。

接下来就是在全班进行观点的展示，是把本小组探讨的结果公之于众的时候，这是各个小组之间互相竞争和互相促进的好时机。在学生展示成果的同时，教师的作用不容忽视。教师要审视学生的论点论据和论证过程的科学性与合理性，订正其中的错误，强调问题的重点，引导顺畅的思路，以加深学生对问题的理解。同时，要鼓励组间的竞争，认识到彼此的差距和不足，营造出和谐奋进、积极向上的合作学习氛围。

（4）交流反思、总结评价

在合作教学过程中，教师应恰当合理地评价学生的表现，包括全组的表现和个人的情况，激励学生的学习热情，同时鼓励学生开展有效的反思和评价。在结束课程的时候，自我总结和评价有助于合作学习良好效果的升华，也有助于回顾自己遇到哪些问题、怎样解决问题、关键的思路突破口、恰当的学习方法、同伴的突出表现等。其实，学生自己解决问题的过程就是形成主观见解的过程，学生评价别人的过程也是反思自己表现的过程。多种多样的评价方法和奖励机制有助于激发学生进行合作学习的兴趣，开拓学生的思维，增强学生在物理学习上的自信，营造出民主自由和谐的课堂氛围。

4.总结合作学习活动

合作学习活动结束的时候，教师应给予学生一定的时间进行总结，举行一个具备仪式感的结束活动。在活动中，成员总结自己的收获和不足，包括知识和能力、方法与态度，并在此基础上让学生总结出自身在物理核心素养水平上的发展。最后，教师可以给出客观的评价，奖励优秀的小组或个人，并指出学生的不足和提出新的希望与努力的方向。

（三）构建互赖关系

1.建立积极的目标互赖关系

在每一个合作教学的课程主题中，都存在积极的目标依赖关系。教师在让学生明确目标、解释学习任务之后，一定要让学生明确这是针对整个小组的共同的学习目标和任务，需要每一个成员积极努力、互相支持和帮助才能成功。有了共同的目标互赖，才能调动全组组员的参与积极性，共同完成任务。当然，这样的目标呈现形式多种多样，而且一定要具体量化。比如，合作学习之后要求全体组员的测试成绩达到一个标准或有所提高，合作学习以后上交一份总结，活动结束后每人上交一份报告，确保每一个成员都参与讨论并能独立正确回答教师的提问，请物理成绩相对较弱的学生展示本组的结论等。在以往的合作教学中，教师更多强调的是一个组给出一个正确的答案即可，比较关注小组共同的结果。这样的做法虽然也体现了目标的积极互赖，便于呈现集体的最佳结论，但是无法保证小组每一个成员的个人责任，出现"搭便车"现象。长此以往，就会影响小组互赖关系的建立，不利于全组成员的协调发展。在物理核心素养的目标导向下，教师在建立目标互赖关系时，应着重采用能够体现个体责任的参与程度和表现方法，最后再汇总整个小组的集体成绩，这样可以更好、更持续地构建小组的互赖性，以期实现每个学生的物理核心素养水平的提升。

2.综合其他类型的积极互赖关系

学生构建积极的目标互赖关系之后，在合作学习的进程中，仍然无法保证真正顺利有效地进行合作学习，这就需要补充其他类型的互赖关系，如奖励互赖、资源互赖、对手互赖等。

奖励互赖就是小组每一个成员取得成绩、获得奖励都会影响全组。当每一个成员都达标，或者团体总分达标以后，团体中的每个人都可以获得个人加分奖励或者休息、物质等奖励。此外，教师还可以对表现特别优异的小组给予额外的特别奖励，这样的小组往往都是团结互助、共同进步的表率。

资源互赖就是让小组共用有限的学习资料、学习任务、实验器材。比如，可以把学习的资源信息分割成不同的部分发给各成员，让他们完成细化后的不同层次的任务，最后合成一个成果。在物理课上，分组实验是很好的合作学习机会，许多实验的操作和完成必须依靠多人协调完成，包括安装、控制和记录数据等环节，这些都可以增进学生的互赖关系。

另外还有对手互赖。健康的竞争意识可以极大地调动全组组员的斗志和积极性，每个成员会为了捍卫自己组的荣誉，增强个人努力的程度和进行合作。

3. 互赖关系与课堂组织调控

保证有序的合作学习课堂组织形式，调控有机的课堂管理，实现有序的合作学习效果，除了要构建积极的互赖关系以外，个人责任的承担也不容忽视。个人责任的顺利完成是互赖关系的基础，互赖关系的积极构建又可以优化个人责任的完成。一个优秀的合作团队是分工不分家。在合作的链条中，没有不牢固的链环，合作的互赖关系越坚实，就有更多的小组成员感到自我的价值体现。教师可以通过赋予学生个人责任、帮助他们分配角色、监督他们完成任务、解答疑问并实施考核，同时搭建优质的互赖关系，完成对合作学习课堂的调控和组织。

（四）探究有效教学评价方法

1. 日常行为评估法

所谓日常行为评估法，就是每天对每个合作学习小组和小组中的每个学生的合作行为进行评估。教师通过对学生的观察和记录反馈，能够详细了解学生的实际表现，提供有针对性的指导，使教学真正面向全体学生。具体包括以下三个方面：

（1）课堂合作

课堂上能按照教师的要求进行必要的自主学习，效果良好。同时，根据教师提出的问题积极参与小组讨论，每个人都能发表意见，教师酌情给该小组加 1—4 分。

在巡视的时候，教师若发现小组讨论的内容与要求问题完全无关，则给小组扣 5 分。

课堂互助研讨时，若发现小组内有学生不参与讨论且做出其他违反课堂纪律的事情，教师视情节轻重扣该小组 1—2 分。

（2）课堂展示

第一，认真倾听。课堂上，当其他同学展示时，能认真听讲、精力集中、表现特别好的小组，教师可酌情加 1—3 分。课堂上，当其他同学展示时，若有学生随意打岔、睡觉、玩手机或做出其他违反纪律的事情，教师提醒无效，酌情扣该小组 1—3 分。

第二，积极展示。课堂展示积极踊跃，小组成员轮流发言或表演，教师视正确率酌情加 1—6 分。

（3）课后作业

小组全部上交作业，且书写工整、完成规范，正确率高，给小组加 2 分。

若有不交作业者，每人次给小组扣 2 分；若作业没完成者，每人次给小组扣 1 分；作业补交的，撤掉所扣分数。

小组在学科作业方面有自己的特色，有一定的创新并坚持不懈，得到教师表扬的，教师可视情况一次性给小组加 1—5 分。

2. 设置小组奖励的个别化评价方式

设置小组奖励的个别化测试方法是合作小组互助学习，共同参加考试，每个人独立应答获得分数。如果每个成员都达标，全组成员还可以额外获得一个奖励的分数。教师根据不同学生制定不同的预设标准，使每一个学生都有一个通过努力可以达到的目标，在操作中不仅关注学生的基础分，更强调学生的努力程度和进步程度，计算出一个努力指数。这样的方法可以保证不同水平的学生都不会放弃学习，也能够积极促进小组间的互赖。

3. 小组成果共享法

小组成果共享法通常可以采取随机抽取一个组员的成功进行评估和对共同合作学习成功评估两种策略，也就是以全组的表现为基础进行评估。这种评价方式体现了积极互赖和个人责任相结合的思想，但是它要有效评估教学效果需要注意选择难度较高的合作学习主题，师生熟练掌握合作学习的方法，教师增强课堂调控等能力。评价是一门很深的学问，评价更是一门值得人们不断探究的课题，还有待不断地探索和实践。

第四节　活动单导学教学模式

一、活动单导学教学模式的理论研究概述

（一）活动单导学教学模式的概念界定

活动单导学是指以活动单为媒介，引导学生在活动中自主、合作学习，实现教学目标的过程。活动单导学有三个核心概念。

一是活动。活动是指学生主动作用于教学内容的方式及其过程，包括内在的思维活动、物质操作活动和社会实践活动，指学生在本学科上进行的一切活动，不仅仅是学校课务上显性的课堂合作探究的活动，还包括课堂、早读、中午、晚自习、课间、双休日等的活动。活动是活动单导学的主题，通过活动促进学生发展是活动单导学的根本目标。

二是活动单。活动单是呈现教学目标、教学内容、活动方案等教学元素的平台，是学生学习探究的引擎，是教与学沟通的物化方式，是活动历程与结果的记录，也是导学的主要手段。活动单一般包括课题名称、活动名称、活动方案等内容。

三是导学。导学这里指的不仅仅是课堂上的导学（教师创设情境、点拨启迪、评价提升等），还包括活动单的研制、课后辅导、检测、评价等。它是引导学生自主学习、合作交流、自我完善、能力提升的主要手段，主要包括导趣、导思和导行等手段。充分发挥学生在教学中的主体性以及教师在教学过程中的主导性是活动单导学的基本策略。

（二）活动单导学教学模式的基本原则

1."五不"原则

"五不"原则，即学生自己能学会的内容教师不教，学生没有自学的内容教师不教，学生没有合作学习的内容教师不教，班上只要有学生会的内容教师不教,学生不会的内容教师不直接讲解结论,而是通过点拨、引领、让学生在活动中体验、感悟、探究，自己得出结论。"五不"原则要求学生在参与课堂活动之前必须根据活动单设置的学习目标、学习内容、活动方式和要求等进行自主与合作学习，然后教师依据学生自主、合作学习的结果进行释疑、点拨、引导和提升。"五不"的本质就是最大限度地调动学生学习的积极性，最大限度地挖掘学生的学习潜能，最大限度地让学生亲身感知、感悟、感受学习。"五不"原则的正确遵守可以有效地实现学生的自主学习，继而深化学生对相关物理概念的理解，并让学生在自主探究中熟练地使用各种科学探究方法，这些行为对学生物理核心素养的发展都大有帮助。

2. 以学定教原则

虽然以往教师备课也备学生、备学法，但实际上只重备内容（教材）、备教法，而轻学生、轻学情、轻学法。活动单导学不仅仅在课前、课后研究学情，还在教学的过程中研究学情。教师通过课堂观察，及时了解掌握学生的学习状态和学习效果，把研究学情、备学法作为教学的起点。而且，活动单的教学内容、教学目标及活动方案等都是根据学情确立的，不同的学生都有能力、有机会完成学习任务。只有根据学生已有的知识、能力状况及学习状态和学习效果进行教学，学生才学得有趣、学得会、学得通、学得活，只有这样，才能实现有价值、有意义、有效率的教学。

3. 以教导学原则

当前的课堂教学改革有弱化，甚至无视教师在教学中的地位和作用的倾向。事实上，课堂无论怎么改，教师的作用都是无法取代的，学生学习的每一步都离不开教师的引导与点拨。这就如同汽车进入高速公路，如果没有引桥，就上不去，如果没有路标，就可能上岔路，教师就是学生学习过程中的引桥和路标。活动单导学并没有弱化，而是强化了教师的作用。

以教导学的关键不是教知识,而是教思想、教方法,而这正是学生科学思维、科学探究素养形成的关键所在。正如陶行知先生指出的:"我以为好的先生不是教书,不是教学生,乃是教学生学。"从方法论的角度来看,以教导学的本质就是把教师的教转化为学生的学。

4.时间分配原则

总的原则是一节课教师讲授时间不超过15分钟,学生活动的时间不少于20分钟,课堂诊断与检测时间不少于5分钟。具体要求是,教师连续讲授时间原则上不超过5分钟,学生每一轮次活动时间一般不少于5分钟,每节课留给学生自己总结的时间不少于5分钟。

(三)核心素养导向的高中物理活动单导学教学模式的特征

1.活动单的内容

活动单作为课堂教学的主要依据,内容涵盖了所有可以以书面形式呈现的与教学有关的东西。首先,它是教材、教辅资料等教学资料的体现;其次,它是教师教学设计的体现,是将教学内容以多个活动的形式呈现出来,这也是它区别于传统教案、教学设计的地方。

2.活动单的形式

(1)全面

一份好的活动单,首先应该全面,能够满足学生在物理观念、科学思维、科学探究、科学态度与责任四个素养上的全面发展需求。在实施上,活动单的结构要全面,主要有三个方面:覆盖教学任务中所有的知识、技能,展现教学计划中所有的过程和方法,体现教学思想上所有的情感、态度、价值观。

(2)准确

所谓准确,主要指三维目标的设计要准确、具体、适度,重难点设计合理。另外,活动的设计也要准确。活动要符合学生的实际,要贴近学生的思维,具有趣味性、递进性、启迪性等。

(3)流畅

所谓流畅,主要有两个方面:一是课堂流程的设计流畅,包括课题的引入、过渡等;二是活动流畅,包括活动的开展、衔接等。

（4）巧妙

所谓巧妙，主要体现在教学设计上，如引入，巧妙地引入能让学生心驰神往；再如结构设计，巧妙的结构让人觉得一气呵成。巧妙是教师智慧和用心良苦的体现，也是教学追求艺术化的体现。

（5）灵活

有句俗话叫"无招胜有招"，在设计活动单时也存在这样的境界。格式规范是基础，是必要的，如果能将格式规范和实际情况以及教师的思想等要素都融为一体，就算是达到这种境界了，而这也就是所谓的灵活。

以上五个方面其实是层层递进的，如果能够做到三条，可算是一份合格的活动单；如果能做到四条，可算得上是优良的活动单；如果五条都做到，那就是精品的活动单了。

二、核心素养导向的高中物理活动单导学教学模式实施程序

结合现如今活动单导学教学模式在高中物理课堂上的实施经验，可以发现活动单导学教学模式呈现出"三单四步"的常规使用方式，也可以称为"三单四步"课堂导学模式。所谓"三单"，是指活动单有预学单、教学单和巩固单三个组成部分。"三单"结合，互为一体，从而保证了课前、课堂和课后三个学习环节的完整性。所谓"四步"，是指每项课堂教学活动由学生自学、学生反馈、教师导学、检测反馈这四个步骤组成。这四步是环环相扣、紧密相连的，充分体现了生成的思想，也充分体现了自主、合作、探究的思想，是实现学生主体性和教师主导性有机结合的很好保障。当然，这个模式并不是生搬硬套、一成不变的，这只是一个大致的框架和结构，在教学中还需要高中物理教师灵活地运用，有针对性地实现学生物理核心素养的培养。

（一）"三单"的编制

1. 预学单

（1）预学单的地位

预学单是学生课前学习活动的载体，是课堂学习活动的基础，是学生

课堂学习活动的准备和启动。预学单以问题导学为形式，体现学生自主学习、自主建构基础知识的能力。

（2）预学单的功能

保证学生学习活动的完整性；充分发挥学生自主学习的能力；学生通过自主学习，初步了解所学知识的基本内容并建构基本知识的框架，初步了解相关概念、公式、定理、原理的内涵；通过预习生成疑惑，以疑导学，以疑激趣，以疑启思，为启动学习做好准备；教师通过预学单的反馈可以了解学生存在的主要问题，熟悉学生在物理核心素养上存在的漏洞，如物理观念不明确、科学探究素养不完善等，便于进行课堂具体环节的设计，做到能够有针对性地开展教学活动，从而达到课堂教学的高效；教师可以通过预学单来科学评估学生自主学习的能力。

（3）预学单的形式

第一，以陈述式呈现，重点解决"是什么"的问题。一般像概念、定义、公式、规律等内容，就可以以填空的形式设计。

第二，以问题式呈现，重点解决"为什么"的问题。一般像现象的分析、公式的推导、规律的逻辑推理甚至是一些细节问题，都可以以问题的形式设计。

第三，以操作式呈现，重点解决"怎么做"的问题。一般像一些简易实验、资料搜集等工作，就可以让学生在课余时间完成。

第四，以习题式呈现，重点解决"怎么考"的问题。学以致用，但教师绝不能忽视考试对学生的意义。无论是知识的掌握、规律的理解、方法的应用，还是现象的分析和实验的操作等，都可以通过题目的形式来设计。

（4）预学单的设计要求

起点低，以学生自主学习读通、读懂为主；容量小，以学生10—15分钟的学习量为宜；坡度平，以学生的现有能力为准；操作易，以学生的实际条件为准。

（5）预学单的操作

活动单在上课的前一天发给学生，让学生完成预学单。学生一般利用晚自习的时间来完成。完成之后，教师可以通过抽样检查或者全部收起来批改检查。教师至少要评阅班级三分之一学生的预学单作业并做好相关的统计分析，然后在课堂上花大约 5 分钟时间指导预学内容并点评预学效果。作为课堂学习活动之一，具体的学习活动可以以学生展示预学成果、教师点评、师生小结等形式开展。

（6）预学单的评价

预学单的设计是否成功主要还是看能否达到前面所述的预学单的功能。学生预学单完成的情况从量的角度比较好检查，教师只要看学生有没有做、做了多少就可以了，但要从质的角度来看就比较困难。所以，要想进行具体的量化评价是困难的事情，主要还是靠教师在课后通过师生间的活动来感受。

2. 教学单

（1）教学单的地位

教学单是师生课堂学习活动的载体，是教与学活动的主体。教学单以主题活动为形式，体现学生的自主学习、合作学习、探究学习及教师的点拨引导和师生共同生成学习所得，不仅指导学生学会，更要引导学生会学。

（2）教学单的功能

体现新课程理念，转变学生学习方式，使自主学习、合作学习和探究学习成为学生的主要学习方式；在课堂教学中充分发挥学生的主体作用和教师的主导作用，高效达成核心素养教学目标；在主题化、问题化、习题化、情境化、案例化的教与学活动中激发学生学习兴趣，提升学生学习能力，提高学生学习效率，发展学生的学习素养、学科素养和人文素养；通过一系列的活动，将教学内容展现给学生，并引导学生从了解到理解，最终到应用。

（3）教学单的形式

第一，以陈述式呈现，重点解决"是什么"的问题。一般像概念、定义、公式、规律等内容，就可以设计成让学生口述或者板书的形式。

第二，以问题式呈现，重点解决"为什么"的问题。一般像现象的分析、公式的推导、规律的逻辑推理甚至是一些细节问题，都可以以问题的形式设计。

第三，以操作式呈现，重点解决"怎么做"的问题。一般像现象的观察、规律的探究，就可以设计成学生实验的形式让学生操作。

第四，以习题式呈现，重点解决"怎么考"的问题。和预学单一样，无论是知识的掌握、规律的理解、方法的应用，还是现象的分析和实验的操作等，都可以通过题目的形式来设计。

（4）教学单的设计要求

第一，容量适中，一般主活动不超过 5 个。

第二，目标明确，紧紧围绕核心素养的培养目标并依据学习的重点和难点。

第三，设计科学，要体现课堂学生学习的主体地位和教师的主导作用，学生活动、教师活动和师生互动活动要设计合理。另外，活动的设计还要有针对性、启发性、逻辑性、梯度性和开放性。比如，为了体现逻辑性和梯度性，可以将多个问题设计成问题链的形式，这样可以促进学生科学思维素养向多样化的方向发展。再如，为了体现开放性，可以进行留白设计和变式设计，留给学生思考的空间，从而锻炼其思维。

第四，难易适中，要考虑到学生的现有水平和预期水平来合理设计。

第五，简约精致，要精创情境、精选案例、精设问题、精练习题、精导技法。

第六，注意排版，考虑周到，合理安排文字、图像、空白等的版面布局。为了便于学生记笔记和记录学习心得，可以专门留出部分空间。

（5）教学单的操作

教学单是课堂的主要载体，是由师生在课堂上一起使用的。教学单由教师设计好的活动构成并贯穿课堂教学。这些活动在操作上一般由四步构成：学生的学（如果是适合合作学习的内容，也可安排学生小组讨论）、学生反馈学的结果、教师导学（包括疑难解析、设问置疑、延伸拓展）、师生合作生成（总结学习规律、特点和要求，包括学法指导）。

（6）教学单的评价

教学单的设计是否成功主要是看能否达到前面所述的教学单的功能。要想进行具体的量化评价，也是困难的事情，主要靠教师在课堂进行的过程中去感受学生学习的情况。首先，学生学习积极主动，踊跃展示学习成果，学生集体参与和个体参加教学活动能够相结合，有超过一半的学生能够个体参加教学活动。其次，学生会学习，能够自己总结并能举一反三、触类旁通。最后，教学任务是否顺利完成，教学生成质量如何，也是评价的重要方面。而教学质量如何，可以通过后面的巩固单来检验。

3. 巩固单

（1）巩固单的地位

巩固单是学生课外学习的载体，是课堂学习活动的延伸与拓展。巩固单以习题训练为形式，辅以相应的整理，是对课堂学习知识和技能熟化的过程。

（2）巩固单的功能

通过课后学生整理建构课堂所学知识结构，深度理解掌握相关知识点内涵，厘清知识点之间的关系（可理解为学生的物理观念、科学思维素养）；通过训练提高运用学科知识、技能和思想解决问题的能力（可理解为学生的科学思维、科学探究、科学态度与责任素养）；通过练习、课外阅读、实验、调查等方式，拓展学生的知识面和思维空间。

（3）巩固单的形式

以习题训练为主要形式，同时做好相关的复习整理，也可以加入一些课外延伸的东西，对学有余力的学生布置一些拓展内容。

（4）巩固单的设计要求

第一，容量适中，考虑到学生的时间（学科间的协调平衡）以及题目的难易程度与学生掌握情况，控制一定的量，保证必要的质，精选习题。

第二，目标明确，课后训练习题要与课堂教学内容有机衔接，这样能够很好地检测学生的掌握情况。

第三，难度合适，注重习题的梯度性，既有基础题，也有中档题和能力题，这些题还要有合适的比例。为了有助于不同层次学生的巩固提升，可以设计个性化的训练要求。

第四，形式多样，除了习题外，还可以加入课外阅读、实验、调查等方式。哪怕是习题也有多样性，既有经典题，又有变式题、创新题；既有文字题，又有图像题等。

（5）巩固单的操作

作为课堂学习活动的延伸与拓展，巩固单一般由学生课后当作家庭作业完成。完成后，教师可以通过抽样检查或者全部收起来批改检查。教师至少要评阅班级三分之一学生的巩固单作业并做好相关的统计分析，然后视情况进行处理，可以让学生自行订正整理，或是公布答案后让学生订正，还可以是教师在之后的课堂上进行讲解和点评，也就是人们常说的习题课（关于习题课的具体操作，在后面会提到）。

（6）巩固单的评价

巩固单的设计是否成功主要是看能否达到前面所述的巩固单的功能。值得一提的是，巩固单的评价必须建立在学生能够独立、保质、保量地完成的基础之上。

（二）"四步"的操作

1."四步"的基本内容

（1）学生自学

学生自学是前提，这充分体现了先学后教的思想。只有通过学生的自学，才能够发现问题，知道哪些是要讲的，哪些是不要讲的，哪些是要详细讲的，哪些是只要简略讲的。

（2）学生反馈

主要是反馈自学的情况，也就是上面提到的，这为教师的教提供了依据和目标，并且反映了以学定教的思想。

（3）教师导学

教师导学建立在上面学生反馈的基础之上。教师通过整理和思考制定接下来的教学流程并实施，非常具有目的性，这个目的性体现了以导促学的思想。

（4）检测反馈

检测反馈是指经过以上三步之后，学生将所学内容消化吸收后，通过例题和练习等形式进行检测，再通过检测的情况反馈学生学的情况，也能反馈教师教的情况。通过反馈，可以及时解决发现的问题，通过多次的检测反馈来最终达成目标。可以说，检测反馈体现了以练促学的思想。

课堂教学中，活动的实施主要体现在四步教学流程上。活动是否成功，关键就要看这四步是否能够很好地完成。

2.常见问题及解决策略

通过对活动单导学教学模式在高中物理教学中的实施经验进行分析，可以发现还存在较多的问题，只有解决了这些问题，才能更好地发挥活动单导学教学模式的价值，落实对学生物理核心素养培养的目标。

（1）问题一：学生不会自学

现象：四步中的第一步是学生自学，而有些学生好像不知道自己怎么学。比如说，阅读教材，有些学生从头看到尾，当要解决问题的时候，感觉教材跟没有看过一样，其实是没有真正地看进去。

解决策略：产生上述现象的原因不排除有的学生根本没有用心去阅读，但有些学生真是不会自学，解决的办法就是进行方法指导，可以通过案例来示范，再通过练习得到巩固，平时教学中多让其体会到成功的乐趣，增强其自信心。

（2）问题二：学生不会表达

现象：四步中的第二步是学生反馈，很多时候需要学生来表达，而很多学生不会表达，不能较好地把自己的想法表达出来。有时候各活动小组进行交流时，对于一道很简单的题目，有些小组却要交流很长时间。究其原因，是这一组的某些学生会做不会说。

解决策略：从现代心理学、教育学的角度研究发现，语言的准确性体现着思维的周密性，语言的层次连贯性体现着思维的逻辑性，语言的多样性体现着思维的丰富性。可见，思维与能力相辅相成，帮助学生准确地把握物理语言有助于学生科学思维能力的提升，思维的发展同语言的发展紧密相关。因此，要提高思维能力，就必须提高学生的语言表达能力。教师可以把培养学生的物理语言与核心素养的学习紧密地结合起来，将它看成物理学习的重要组成部分，这样就能更好地锻炼学生思维的条理性、逻辑性和准确性。

具体做法体现在以下三个方面：

第一，引导学生多看。物理语言具有高度的抽象性，首先要正确理解它们。学生可以通过阅读课本及课外资料，正确表达有关的概念、符号、公式和规律等。同时，物理也有其精确性，每个概念、符号等都有其精确的含义，没有含糊不清或易产生歧义的词汇，因此阅读时要求学生认真细致，勤思多想。

第二，引导学生多听。听别人怎么说也是一个非常好的方法，不过有些学生往往忽略了这一点，他们经常埋头做自己的事情，不用心倾听别人的发言，这样就浪费了很好的学习机会。所以，教师平时要注意教给学生倾听的方法，促使学生养成善于倾听的好习惯。

第三，激励学生多说。说的过程其实就是见证学生语言表达能力的过程，也是学生语言表达学习、提高的过程。在课上，教师要营造一种宽松、融洽的课堂氛围，鼓励学生大胆回答、敢于提问、勇于反驳，使用多种激励措施，引导学生向同学、教师表达自己的想法，清晰地解释思考问题的过程，以及自己所使用的解决问题的策略和自己尚未解决的疑点等。

（3）问题三：教师不会引导

现象：四步中的第三步是教师导学，活动的成败关键还是看教师，看这一步是否合理有效。实际教学中，这也是教师一直为之奋斗的目标。然而，由于一些原因，常常会有一段距离。

解决策略：教师在上课之前要多准备，要有预案，通过经验和对学生现状的分析能大致制订计划；教师在课堂上要多观察、多分析，不但要多，还要快，要在第一时间了解学生的情况并制订下一步的方案，要能够根据课堂上的实际情况及时调整；教师在课后要多总结、多交流，为接下来的教学制订新的预案，也为后面的教学工作积累经验。

（4）问题四：有检测没反馈

现象：四步中的第四步是检测反馈。教只是一种暂时状态，其目的是促进学生自力更生。因此，教师必须指导学生学会如何学习，逐渐具备独立思考、探究发现和自我矫正的能力。要达到这个目的，就需要检测和反馈。检测和反馈是紧密联系的。然而，很多时候只有检测却没有反馈，没有检测自然没有反馈，不是为了反馈的检测就形同虚设、本末倒置了。

解决策略：分析原因，很多时候是时间不够了，来不及反馈，但也不排除有时候真的是没有重视反馈的作用。一堂课下来，是否成功，教师设计了检测，那就要发挥它的作用，检测的最大作用就是反馈。教师通过反馈知道这节课是否成功，哪里存在不足，接下来应该怎么解决，这都是紧密相连的。所以，解决的策略主要是加强对反馈的认识和重视程度。

三、核心素养导向的活动单导学教学模式在高中物理不同课型中的应用

（一）新授课

高中物理新授课主要是现象、概念、规律的教学，并在理解的基础上简单应用。新授课的特点就体现在"新"和"授"两个字上。"新"指教学内容是新的，同时包括新的思想和方法。"授"原指教师讲授，是改革前的课堂教学的写照：教师在上面讲，学生在下面听，师生之间少有互动。现在的课堂已经大不一样，活动单导学模式下的课堂更加不一样了，所以授的内涵也要时过境迁。现在的"授"应该是指强调了教师的主导地位下的师生共同成长。

新授课的主要流程一般是先引入（包括复习引入、实验引入、情境引入等），然后是观察现象、建立概念、探究规律等过程，再是概念辨析、规律应用等，最后是课堂巩固训练、布置课后作业。布鲁纳认为，儿童智慧发展的程序是从动作性表象模式经映象性表象模式到符号性表象模式三个阶段，这是一个人发展中的编码系统，它很可能是学习任何一门学科的最佳序列。据此，教师在引入时宜用非语言的指导，然后鼓励学生运用由图表或图画表示的再现表象，最后用符号，即通过语言的使用进行教学。对年龄较大、基础较好的学生，可在象征式水平上开始学习新知识，但也需为之提供可依靠的基本形象。

根据新授课所学内容的特点，又可以把新授课分为信息型、推理型、操作型和概念型。一节新授课可以是单一的一种类型，也可以包含多种类型。

（二）习题课

从字面上来看，习题课就是处理习题的课，是指评讲或者练习以习题为呈现方式的作业、试卷等内容的教学，主要功能有复习巩固、发现并纠正错误认识、挖掘内涵和拓展外延、培养学生学以致用的能力等。

一般新授课的活动单的巩固单就是课后作业，所以不用另外制定习题

课的活动单。若教师认为某部分需加强训练或是延伸拓展，也可以通过课堂练习的形式另外设计活动单。课前预学可改为学生的自主订正，课堂对学生预学的检查变为教师对训练情况的统计分析（肯定鼓励与指出问题相结合）。课堂教学由学生展示典型错误、学生个别纠错和合作纠错（小组合作学习）、教师点评导学或辅之以变式训练、延伸拓展、师生合作总结等步骤组成。课后巩固重在专项训练和整理总结，特别是对疑难习题的深度消化与整理。

习题讲评课原则上必须在教师批阅的基础上，围绕学生易错点、剖析错因逐步展开，对于少部分学生出现的错误，不需要再详细讲解，否则既浪费时间，又使课堂气氛沉闷，会使大多数学生的学习热情调动不起来。教师可以让学生自行订正或是通过组内"兵教兵"的形式解决，也可以进行个别辅导。对于普遍性的错误，仍然主要靠学生解决，通过说题的形式，让学生自行分析错误并找到原因，从而形成正确的解决方法。有时候可以通过集思广益，毕竟"三个臭皮匠，顶个诸葛亮"。因此，习题课的一般流程可以设计成下面三个活动。

活动一：学生自主订正 5—10 分钟，教师事先告知学生哪些题目需自主订正，可让学生讨论，实现"兵教兵"，教师甚至可以把答案给学生，让他们进行反思性订正和讨论。

活动二：重点解决学生错误较多的题型，利用多媒体等方式展示学生错误，并剖析原因，做到有的放矢，同时让学生总结错因和解决此类问题的方法。

活动三：尽可能地进行适当的延伸拓展和变式训练，让学生从更高、更广、更深的角度对习题进行认识。

最后布置课后作业，一般为归纳方法、整理错题集，也可以通过做几道题目来加强练习。

（三）复习课

从字面上来看，复习课是指一个阶段的学习后的重复、学习，当然不是单纯的重复，它的主要功能是通过回顾前一阶段所学内容建立知识点间的联系，从而形成知识网络，培养学生对知识的深度理解以及综合应用能力。所以，复习课的活动单设计与新授课是不一样的，主要区别在于新授课的预学单设计以了解基本知识点和知识构成为主，复习课的预学单设计以理解基本知识点和初步建构主干知识体系为主；新授课的教学单以知识立意为主，以学生自主学习、合作学习为主要学习方式，注重发展学生的学习力，特别是高一年级要加强自主学习习惯的培养和合作学习方法的指导，复习课的教学单以能力立意为主，以学生合作学习、探究学习为主要学习方式，注重发展学生的学科能力，切实地落实对学生物理核心素养的培养；新授课的巩固单以训练学科基础题、经典题为主，夯实学科基础，同时帮助学生养成整理课堂笔记、试卷和错题的学习习惯，复习课的巩固单以训练变式题、创新题为主，提升学科能力，同时指导学生整理形成学科知识体系，理清知识点内在关系和知识点间的逻辑关系，并形成针对各种题型的一般和特殊性解题技能技巧。

按照复习阶段的特点，复习课可以分为单元复习课、期中期末复习课、小高考复习课，不同学段要求不同。按照复习内容的特点，又可以分为专题复习课、综合复习课等，不同内容要求也不同。

很多复习课是纯理论模式的复习：先单纯地复习知识点，然后看例题，再是练习。这种模式既浪费时间，又没有效果，学生往往感觉枯燥。现在很多教师都意识到了这一点，所以在复习模式上进行了改变，大多是通过精心的习题来复习知识点，做到讲练结合、目标明确。复习课的一般流程可以设计成下面四个活动。

活动一：通过习题复习回忆相关概念、规律（为了达到这个目的，必须精选习题，所选习题要具有典型性，要能够很好地将知识点涵盖并联系）。

活动二：思考知识点间的联系，可以让学生以思维导图、概念图的形式来设计。如果难度较大，教师可精心设计板书。

活动三：通过习题进一步巩固。习题的编制要根据考纲，要求有梯度、可拓展、适当创新，能培养学生应用规律解决实际问题的能力。在实施教学时，教师要充分调动学生参与课堂，给学生时间在课堂上展示思维，即使产生错误，也是一种宝贵的教育资源。

活动四：方法归纳，课堂总结（可由教师或学生进行）。

最后布置课后作业，通过有针对性的习题加强巩固。

（四）实验课

实验课的主要功能是培养学生的科学探究素养，包括问题提出、实验设计、实验操作、数据分析、结论分析与应用等环节，同时培养教学与科学、社会、生活相结合的思想。

根据实验参与者的不同，可以把实验分为学生实验和演示实验。其中，学生实验又可以按照实验的性质分为验证性实验和探究性实验。这两类实验反映到实验课上一般有不同的主要流程，下面简要说明。

1. 验证性实验

活动一：复习实验理论知识。

活动二：阐述实验原理，设计实验步骤。

活动三：进行实验并记录数据。

活动四：处理数据并分析误差产生原因，简单应用。

2. 探究性实验

活动一：提出问题并做出合理猜想。

活动二：根据实验方法设计实验步骤。

活动三：进行实验并记录数据。

活动四：处理数据并分析结论的合理性，简单应用。

另外，演示实验也可以按照实验的性质分为验证性实验和探究性实验（有些时候可能是因为器材不够等因素，学生实验变成了演示实验），但更多的是呈现式的，其作用主要就是演示。比如，"研究影响平行板电容器电容大小的因素"这个实验就是通过一系列实验来呈现出诸多的现象。

不管哪个学段、何种课型，在活动单设计制作中都应遵循"大同小异，灵活运用"的原则。"同"为教学的基本流程和教学规律，"异"为不同学段、不同课型的侧重点有所差异。总体上，不同学段的各种课型（除习题训练课以外）都可按"三单四步"基本流程设计制作活动单，但不可生搬硬套，要具体问题具体对待。对此，教师要坚持"模式是为人所服务的"基本理念，科学合理地使用活动单导学教学模式，让这种教学模式能够真正地满足学生的发展需求，更灵活地实现对学生物理核心素养的培养。

第四章 核心素养视域下高中物理教学环节

第一节 课堂导入环节

一、高中物理课堂导入的理论研究概述

(一)课堂导入的概念界定

课堂导入是在课堂开始的 3—5 分钟，教师运用灵活多样的教学方法，引起学生注意，激发学生学习兴趣，引起学生学习动机，从而把教师的教学目标转变为学生的学习目标，建立知识间联系的一种教学行为。

课堂导入的方式有很多，但都有相似的结构，即引起关注→组织指引→建立联系。引起关注主要是给学生的认知进行定向。组织指引是给学生指明学习任务。建立联系是将新旧知识结合起来，以其所知喻其不知。按照这样的结构进行导入，可以帮助教师迅速创设融洽的课堂氛围，把学生带进一个与教学任务和教学内容相适应的理想境界，让学生能够专注于教师的讲解。

(二)课堂导入的功能

1.集中学生的注意力

注意是心理活动对一定事物的指向和集中人不能在同一时间感知一切对象，所以课堂导入的构思与实施要努力使学生的心理活动保持在教学行为上，抑制和避免与教学活动无关的刺激。耶安德列夫在谈到注意力的危机时说："常常经过一段时间之后，注意力的危机便会到来，第一次危机

通常在第 15—20 分钟之间，第二次危机在第 30—35 分钟之间。"实践表明，高中生的思维最佳时间是上课后的 5—20 分钟，之后会出现注意力下降或者受阻等情况。学生的注意力集中程度不仅与学习兴趣有关，还与刺激物（如教师的言行、自身的身体状况、已有的知识、期待心理、所学知识的有用性）等因素有关。上课伊始，大部分学生还停留在课间松散的状态，有的学生还陶醉在课间活动的兴奋情绪中，此时教师应通过精彩的导入把学生的注意力集中到物理课堂中。教师在课堂导入时应做到以下六点：使学生意识到本节课上讲授的知识的价值；采用刺激性强的材料进行导入；讲课时语音、语调应有抑扬顿挫的变化，动作协调优美；尽量减少无关刺激；着装端庄大方，切忌奇装异服或衣服色彩过于鲜艳；正确把握教具呈现的最佳时间。此外，教师还应在平时注重培养学生上课集中注意力的良好习惯。

2. 培养和激发学生的学习动机

当前教育领域越来越重视如何教学生学会学习，学习动机、学习兴趣等非智力因素对学生学习的影响，日益引起教育界的普遍关注。学习动机是指激励并维持学生朝向某一目的的学习行为的动力倾向。学习动机在物理新课教学中具有以下四个方面的功能。

（1）唤起功能

在导入环节，当学生对物理新课产生迫切的学习需要时，就会引发学习内驱力，唤起内部的激动状态，激起一定的学习行为。

（2）定向功能

学习需要和学习期待为出发点，使学生在物理课的开始就指向一定的教学目标。

（3）维持功能

在导入环节激发学习动机，使学生在整堂课都能保持认真的态度和学习意志力。

（4）互动功能

加强互动，提高教学效率，保证教学任务顺利完成。在物理课堂的引入环节，要注意激发和强化学生内在的学习动机。学习兴趣是学习动机中最活跃的心理成分。美国著名心理学家布鲁纳指出："学习最好的刺激力是对所学材料的兴趣。"心理学研究表明,浓厚的学习兴趣能使人脑和各种感官处于最活跃的状态,以最好的状态接受教学信息。对物理学习感兴趣的学生,会把学习物理当作内心的满足,而不是一种负担,这样就会取得较好的学习效果,且更容易在学习的过程中接受知识,并将其内化为自身发展所具备的行为品质,也就是核心素养。

好的导入应能通过激发学生对所学知识的兴趣,使其积极主动地学习,不仅满足了内心对知识的渴求,还会产生积极的情绪体验。所以,善导的教师应针对学生的个别差异,根据学生的年龄特征、知识基础、新课内容等,在教学伊始就设法激发学生的求知欲和积极的学习情绪。

3. 明确教学目的

教学目的是一节课的灵魂,是课堂教学的出发点和归宿。课堂导入应能使学生在课的一开始就明确本节课的教学目的,从而使之后的一切教学活动紧紧围绕着教学目的进行。思维过程的开端永远是存在一定的课题,心理学将这种课题理解为在一定条件下在人面前出现的某个目的,人应当先了解这些条件,以便有达到这个目的(正确解决课题)的途径。通过导入,让学生明确本节课的教学目标和教学内容,并自觉地以此为方向来监控、调整自己的思维和行为,提高学生的学习心向。高中物理教学是教师教与学生学有机统一的双边活动,不仅教师要有明确的教学目的,学生也应有清晰的学习目的,这样有利于师生相互配合,使教和学共同指向教学目的。在导入部分,教师与学生应确定共同的目标,并在之后的整个教学过程中一起努力,使整个教学以此为主线顺利展开。

4. 承上启下,为学习新知识做铺垫

课堂导入并不是简单地为导入而导入,其目的是引人入胜,是为了能承上启下,使学生有准备、有目的地进入新知识的学习。教师在设计导入时,要充分了解学生已有的知识和能力基础,用其所知喻其不知,并从学生的实际情况出发,发挥教师的主导作用和学生的主体作用,做好温故知新的教学。如果一堂课的一开始就平铺直叙地讲授新知识,很难激发学生的学习兴趣,尤其是比较难的知识,学生往往会觉得突兀、不知所云。相反,若能用情境化、丰富多样的导入,引导学生联系已有知识和经验,让学生发现新知识不是凭空而起,便可以较自然地进入新知识的学习。导入在学生已有知识与新知识之间架设起桥梁，为新知识与学生原有的认知结构建立起实质性的联系。物理课堂导入的方法有很多，如实验导入法、问题导入法、复习导入法、生活情境导入法、资料导入法、文娱导入法等，教师要根据所授新知识的特点和学生原有知识及年龄、认知特点，选择合适的方法。在备课时，教师应重视导入的作用，平时注意积累资料素材，发挥导入承上启下的功能，为学生学习新知做好铺垫。

5. 启发思维，加深审美体验

启发学生思维，加深学生的审美体验是课堂导入的另一功能。教师应让学生经历从不知到知，从知之甚少到知之较多的过程，通过一定的情境或者问题，启发学生积极思考。教师在上课一开始就引导学生将学习与思考结合起来，使学生能尽快进入良好的学习状态，做好学习新知识的心理准备。同时，通过丰富多彩的课堂导入，让学生体会知识的美感，加深其审美体验。通过感受、观察、思考、体验，丰富学生的情感积累，为其学习物理知识奠定坚实的情感基础，同时使其成为学生学习物理的心理动力，提高学生的创造力。

（三）核心素养导向的高中物理课堂导入原则

1. 系统性原则

导入环节并不是孤立的教学环节，教学过程是由导入、呈现、理解、巩固和结束等环节有机结合的整体。各个教学环节之间具有一定的联系性，所以要把导入环节与课堂的其他环节综合起来考虑，做到环环相扣、一气呵成。教师在设计课堂导入时，要深入挖掘新知识与学生已有知识之间的联系，如同一章的内容之间的联系，不同章节知识之间的联系，寻找新旧知识的联系点。在导入时，教师要以已有知识为先行组织者，以旧拓新，温故知新，为学习新知识做好铺垫，帮助学生理解和掌握新知识，这样才能调动学生的积极性，使学生自然、有准备地进入新知识的学习。另外，导入过程本身包括预备、开讲、导入等小环节，这些也构成了一个完整的小系统。在这个过程中，还受到人、时间、空间、教材内容等多因素影响，所以导入设计也要考虑这些多维的系统因素，使整堂课饱满、完整、连贯。

2. 科学性原则

物理是一门以实验为基础的自然学科，在进行课堂导入时，教师首先要注重教学的科学性，从教学内容的科学性出发，无论是对物理现象、物理概念、物理规律的描述与表达，还是情境的设置、实验内容与操作等，都应做到正确无误。导入是一节课的重要组成部分，它可以是对之前学习内容的复习，也可以是本节课教学内容的开始。教师导入的内容必须遵循科学性原则，引用的实例和实验要有充分的事实依据，切忌胡编乱造，对待教学要有科学的态度。教师应充分理解教学内容，根据学生的特点选择能激发学生学习动机的方式方法。教师对教学内容的理解不仅是认知层面的，还应包括思维过程、方法、情感价值观。富有科学性的导入，才能真正打动学生，引发其思考，激发其学习动机，并保证学生科学思维素养的健康发展。

3. 针对性原则

课堂导入要遵循针对性原则，主要从以下四个方面入手：一是针对教学内容设计导入。教师要充分考虑所授内容与教材其他章节内容的内在联系，导入内容应紧扣教学内容，帮助学生接受和理解新知识。二是针对教学对象的不同（如学生的年龄特点、心理状态、知识能力基础和兴趣爱好的差异程度）设计导入。对于不同班级的学生，教师应采用不同导入方法和导入语。三是针对课型的不同设计导入。根据一堂课预计要完成的教学任务，可把课分为新课、习题课、复习课、实验课等。新课要注意温故知新，搭桥铺路；复习课要注意分析比较，归纳总结；实验课要注意理论联系实际。根据课型的不同，设计不同的导入方法，使用相应的导入语，这样才能发挥导入应有的作用。四是针对上课时段的不同设计导入。每节物理课的上课时段往往不同，学生的精神状态和心理状态也不同。例如，早上前几节课学生的精神通常比较饱满，可以选择逻辑性比较强的导入方式；最后两节学生往往比较饥饿疲惫，这时教师设计的导入要能调动起学生的积极性；下午第一节课学生的精神比较涣散，难以集中精力，教师应尽量采用比较生动有趣的导入方式，如实验导入法、生活情境导入法等，激发学生的学习兴趣。总之，课堂导入要有针对性，明确教学目的，这样才能满足学生和教学需要，才能取得好的教学效果。

4. 启发性原则

启发式，就其指导思想来说，是以学生为学习的主体，相信学生愿意学习、能够学好，同时强调教师的作用，从实际出发，要求学生在各种活动中积极地思考，亲自动手、动脑，完成认识上的两个飞跃。富有启发性的导入可以使学生进行积极的思维活动，发展其思维能力。因此，教师在设计导入时应遵循启发性原则，从上课一开始就引导学生进行联想和想象，提高学生的思维能力。一方面，教师要能启发学生发现与物理有关的问题；另一方面，让学生学会从物理学的角度明确表述这些问题。教师提出的问题和表述应具有启发性。当学生无法直接回答问题时，教师应耐心地引导，循循善诱，最后指导学生准确表述自己的观点。研究物理规律时，启发学生发现客观事实与其原有认知的矛盾，从而思考、讨论、解决问题。

5. 贴近生活、联系实际的原则

高中物理课程标准的一个重要特点是重视与生活、生产的联系，重视与技术、社会的联系，其提出的一个教学建议是使物理贴近学生生活、联系社会实际。从现实情况来看，这也是大部分学生所希望的。物理应源于生活、自然，又服务于生活、自然。在课堂导入环节中，教师应适当联系实际，创设教学情境，引入现实生活和大自然的美，这样不仅让导入的艺术形式丰富多彩，还可以让学生更贴近艺术的源泉——生活。

要重视物理与生活、社会的联系，需要从两个方面着手，即教学内容和教学方式。一方面，要使教学内容和学生生活联系起来，激发学生的学习热情，增强实践意识，提高学生发现问题和解决问题的能力，拓宽视野，形成科学的世界观与价值观，并且可以把日常生活中、运动场上、工业生产中、家庭里各种学生熟悉的物理现象发掘、收集、选择、融入课堂导入中。另一方面，要在教学方式上使物理贴近学生生活实际。高中物理课程标准在必修模块提出了多条关于教学方式的与此相关的实例和活动建议，教师可以借鉴这些实例和建议，在课堂引入时，运用具体的实例，让学生在实践中得到感性的体验，并用已有知识解释教师提供的例子，发现其中的不足，再通过之后的新课学习完善解释。同时，教师也可上课前提前安排学生进行调查，在课堂引入部分汇报学生的调查结果，再进行进一步的研究，增强学生把物理学知识创造性地应用于生活、生产和社会实际的意识。此外，教师还可以用学生常见的生活器具，把瓶瓶罐罐带进课堂引入部分进行演示实验，拉近物理学习与生活之间的距离，为后面新知识的学习做铺垫和心理准备。这些操作有助于学生树立起正确的物理学习观，让学生感受到物理学习的价值，继而促使学生形成良好的科学态度与责任，建立起使用物理改变生活的信心和决心。

6. 趣味性原则

进行课堂导入的一个很重要的目的就是集中学生的注意力，激发其浓厚的学习兴趣。通过新颖有趣的导入，让学生的大脑和各种感官处于活跃状态，从而更好地接受教学信息。如果教师忽略了课堂导入的趣味性原则，就会使导入平淡无味，使学生很难产生高昂的情绪和积极的学习动力，冷漠地对待学习，并且容易产生疲惫的感觉。所以，物理教师应设计生动有趣的课堂导入，在教学之初就设法吸引学生注意，提高其学习兴趣，使学生产生力求认识世界、渴望获得知识、不断追求真理的愿望。比如，教师可以通过趣味的故事、实验、视频进行引入，也可以设置情境，让学生做游戏、表演情景剧等，寓教于乐，营造轻松愉悦的课堂氛围，让学生乐于接受新知识。

7. 审美性原则

物理学习中包含美学的因素，如物理知识的智慧美、物理公式的对称美、物理实验的奇异美，以及物理理论所表现出来的和谐美、简洁美、逻辑美。因此，教师在物理课堂的导入部分应注重把物理学所蕴含的各种美的因素外显出来，变成物理教学美的过程，从而使物理教学富有艺术感召力。遵循审美性原则有利于激发和调动学生学习物理的积极心理因素。除了物理的科学美与艺术美外，教师在预备、开讲、导入阶段也应注意自身仪表美、教态美、语言美。这些美感的产生，会使学生在情感上产生愉悦感，从而引起学生情感上的共鸣，使学生在愉快的氛围中参与教学。遵循审美性原则，让物理学习成为一种美的享受。

8. 简洁性原则

高中一节课通常是40—45分钟，在这么短的时间内，教师要完成多项教学任务和内容，因此导入时间应控制好。课堂导入的设计要遵循简洁性原则，做到短小精悍、语言精练、操作简便，切忌复杂烦琐、冗长拖沓。

导入主要起引子的作用，如果在导入部分故意绕弯子，夸夸其谈，就会喧宾夺主，使整堂课显得头重脚轻，当学生要开始学习本节课的重要内容时，注意力已分散了，进而影响了教学效果和教学任务的完成。在进行导入时，教师应选择最有效的方法，在最短的时间内缩短教师与学生、学生与教材之间的距离，让学生迅速集中注意力，激起学生强烈的求知欲，创造愉快的学习氛围，使学生想学、乐学。

9. 多样性原则

课堂导入的方法和形式是多种多样的，不同的方法和形式都有自己的特点和优点，也有其适用条件和适用范围，所以不能把某一种方法看成放之四海而皆准的最佳方法，也不能绝对地否认某一种方法。在具体教学中，教师应根据教学目的和要求以及各方面的实际情况，特别是学生实际，选用多样的导入方式方法。在此过程中，切忌生搬硬套、千篇一律地采用一种导入形式，只有不断推陈出新，才能产生出奇制胜的效果。因此，课堂导入应遵循多样性原则，不断给学生耳目一新的感觉，从而有效刺激其感官，吸引其注意力。教师应针对实际情况，精选丰富多样的素材，经常选择变换导入的形式和方法，丰富课堂导入。

二、核心素养导向的高中物理新课堂导入方法与案例

（一）物理新课的种类和特点

在核心素养的导向下，为了提升高中物理课堂教学的效率，教师必须结合核心素养下课堂导入的原则展开导入设计。而其中的针对性原则和多样性原则，都要求教师在设计物理课堂导入方案时要针对不同的教学内容设计出合适的导入方案，所以在这里有必要了解一下高中物理课堂的类型。目前，高中物理课堂中课的种类主要有概念课、规律课、实验课和习题课。

1. 概念课的特点

在高中物理学科中所涉及的物理知识大多数是普通物理学中最基础的知识，主要是一些基本概念和基本规律的学习。可以说，在高中物理学科中最重要的就是基本概念的学习。在高中阶段，大多数学生都认为物理是一门比较难的学科，很多学生的物理成绩往往都不太理想。出现这种情况

的原因有很多，学生对物理概念掌握得不太好是一个很重要的原因。而概念课的课堂教学又是比较枯燥的、无趣的，所以教师在设计概念课的教学设计时要花费更多的精力去设计，尽量使概念课的教学更加精彩而有趣，以提高学生的学习兴趣。同样，在设计概念课的课堂导入方案时，教师要针对概念课的教学内容联系学生的日常生活实践，设计出有新颖性的课堂导入，以激发学生的学习兴趣和学习动机。在设计物理基本概念课的课堂导入方案之前，教师有必要对物理概念课的教学过程有一个基本的了解。在高中物理概念课的课堂教学中，主要包括四个环节：第一环节是引入物理概念。这一个环节相当于课堂导入这一环节。这一环节中的主要任务是为学生创设一个感性的物理情境。在这个环节中，可以采用实验的方法、展示实物或视频等其他的直观导入方法为学生提供感性认识，并从这些感性物理现象中归纳总结出相关的物理概念。第二环节是建立物理概念。这一阶段主要的任务就是在第一环节的基础上通过对物理现象的感性认识进行分析、综合，忽略次要因素，抓住这些感性认识的本质特征，使之在学生的头脑中形成物理概念。第三个环节是讨论物理概念。这一环节中的主要任务是教师引导学生对已经建立的物理概念进行讨论，以深化学生对物理概念的认识，使学生牢牢地掌握物理概念。第四个环节就是应用物理概念。在这里，除了第一个环节导入新课的过程外，其他的三个环节就不多做叙述。

2. 规律课的特点

如果说物理概念是物理学科的基础，那么物理规律可以说是物理学科的支柱了。在高中物理阶段，师生之所以花费大量的时间进行物理概念的学习，其目的就是使学生能更好地理解物理规律，并能对物理规律应用自如。物理规律课的教学过程和概念课一样，也要经过四个环节，分别是引入物理规律、形成物理规律、讨论物理规律及应用物理规律。

3. 实验课的特点

物理是一门以观察和实验为基础的学科，所以实验课在高中物理课堂中占有很大的比例。高中生普遍认为，物理概念课和规律课比较枯燥无味，物理实验课相对而言更加有趣，也更能吸引学生的学习兴趣，学生上物理实验课的积极性普遍较高。这样看来，在进行实验课的教学时，对课堂导入方案的要求就没有概念课和规律课那么高了。其实不然，在高中物理课堂中，导入的作用除了吸引学生注意力和激发学生的学习兴趣之外，还有明确课堂教学目的以及联系学生头脑中新旧知识的作用。在高中物理实验课中，课堂导入可以使学生明确这节课的教学任务和实验目的，而不会在观察教师的演示实验时不知道重点观察什么，在自己做实验时也能知道自己的目的是什么，做到有的放矢，而不是瞎看一遍或瞎忙一通。在高中物理课堂实验教学中，主要有教师演示实验和学生自己动手操作的学生实验，其他的课外实验在这里就不进行讨论。针对不同的实验课，教师应该如何设计一个合理成功的课堂导入方案，是教师需要思考的一个问题。而且，教师必须充分地认识到物理核心素养中的科学思维、科学探究、物理观念、科学态度与责任四大素养都与物理实验课的有效展开有关。因此，探索物理实验课的有效导入方法是十分有必要的。

（二）核心素养导向的高中物理导入方法以及设计案例

1. 生活化实验导入

物理是一门以实验和观察为基础的科学，人们的许多物理知识都是通过观察和实验，经过认真思索总结出来的。通过实验的方法导入新课，既可以极大地提高学生的学习兴趣和学习动机，使学生积极主动地参与到课堂教学中去，也可以培养学生观察能力和分析问题的能力，落实对学生科学探究素养的培养目标。如果教师在通过实验导入新课的过程中每次都叫上几个学生参与进来，那么就可以培养学生的实际动手能力和物理实验的意识。在通过实验法导入新课的过程中，这里的实验分为教师演示教材上的实验、教师改编的实验和教师自制的实验。生活化实验属于教师自制的实验。所谓的生活化实验，指的是教师在导入新课的过程中针对新课的教学内容，利用日常生活中随处可见的各种生活材料，经过教师的精心设计，能够模拟某种物理现象或者揭示某种物理规律的物理小实验。通过生活化物理实验导入新课，将学生的日常生活引入课堂教学中，能够使课堂教学更加具有活力和生命力。通过将学生生活中常见的各种生活器材设计成物理小实验，可以很好地吸引学生的注意力，发挥出物理课堂导入的积极作用。物理作为一门与学生日常生活联系最为紧密的学科，使得教师在设计生活化实验方案时，能够在日常的社会生产、生活中找到足够多的物美价廉的生活材料来设计实验。

通过生活化实验导入新课，可以很好地吸引学生的注意力，激发学生的学习兴趣和动机，发挥出课堂导入过程的作用，使课堂教学顺利进行。在设计生活化实验导入新课的方案时，教师需要注意以下三点。

首先，材料要选自日常生活，且要容易获得。这要求教师做一个生活中的有心人，关心热爱生活，看到生活中有用的器具要注意收集，有些在生活中要丢弃的废品，多考虑一下它们是否可以用来制作成物理仪器，如空可乐瓶、没用的电线、各种管子之类的。用生活中的瓶瓶罐罐来制作仪器，设计成能够很好地激发学生学习动机的生活化实验导课方案。

其次，仪器尺度一定要大。在用生活化实验导入新课的过程中，教师一般是通过演示实验的方式导入新课的。在演示生活化实验时，为了让所有的学生都能仔细地观察到实验过程，教师所选的生活化器材尺度应该尽量大点。

最后，实验结构要简单，现象要明显，目的要明确。只有这样，才能在导入环节这短短的 3—5 分钟内完成生活化实验的演示，并使学生观察到明显的现象，促进学生进行思考，更加有效地引导学生进入新课的教学过程。

2. 利用新旧知识之间的联系展开导入

高中物理学科的知识体系逻辑结构非常紧密，每一节课堂教学内容都不是孤立存在的，而是与前后的知识构成一个关联紧密的体系。利用新旧知识的联系导入，是通过复习旧知识导入的方法。这种方法是高中物理教师经常使用的导入方法。通过复习旧知识，找到旧知识与要学习的新知识的联系，通过类比和提问等方式导入新课。

利用新旧知识的联系导入新课，这种方法简单便捷，有利于教师操作，对教师的要求也不高。虽然通过新旧知识的联系导入新课的方法对大多数高中物理教师来说都是比较熟悉的，但是不同的教师用同样的方法可能效果并不一样。这就要求教师在设计用新旧知识联系的导课方案时要注意以下三点。

首先，新旧知识要有紧密的联系。在导入新课的过程中，如果教师所复习的旧知识与这节课的教学内容并没有多大关系，那么课堂导入的作用就体现不出来。

其次，找到新旧知识的联系点。在使用这种方法导入新课时，一定要仔细找准新旧知识之间的连接点，并通过类比、提问等方法引导学生进入新课的教学环节。

最后，注重导入的简洁性。在用该方法设计课堂导入方案时，要注意语言简洁，对旧知识的复习一定要把握好时间，要尽量找到一个与新课联系最为紧密的知识点，找到它们之间的关联，促进学生进行积极的思考。

3. 通过设置悬疑展开导入

美国著名的教育学家和心理学家布鲁纳曾指出："教学过程是一种提出问题和解决问题的持续不断的活动。"在物理课堂一开始的导入环节中，教师应通过创设物理情境，引导学生发现问题。教师巧妙地设计一个悬念，使学生发现某个物理问题，却一直想不清楚其中的原因，这样学生就处于一种"心求通而未达，口欲言而未能"的心理不平衡状态。在这种状态下，学生对解决教师提出来的悬念充满兴趣。教师在课堂导入环节中引导学生注意到悬念之后，趁着学生充满学习动机的时候导入新课。

在课堂导入中通过教师精心设计的悬念导入新课，就像中国的评书一样总是在最精彩、最激动人心的时候来一句"欲知后事如何，且听下回分解"，使听众的心里痒痒的，迫不及待地想知道接下来的内容。教师通过精心设计的悬念使学生迫切地想知道为什么，把学生的求知欲调动起来，再导入新课。教师在设计悬念导课方案时要注意以下两点：一是，教师要对教学内容非常熟悉，所设计的悬念要针对教学的重点内容；二是，设计的悬念要出乎学生的意料之外，要能够调动学生的积极性。

4. 利用物理学史展开导入

物理学是一门研究物质运动规律的科学，它的历史非常悠久，从人类开始钻木取火的原始阶段，就与物理学结下了不解之缘。从古希腊的亚里士多德开始思考物体的运动到牛顿的三大定律，从国内到国外，物理学一直伴随着人类社会的发展而不断发展。漫长的物理学史是人类追求真理而不断向前进步的一个写照。物理学史可以为教师设计物理课堂导入方案提供绝佳的素材，物理教师可以通过讲述一个伟人的小故事导入新课，也可以通过物理学史上出现的争论导入新课，还可以通过讲述某个规律曲折的探索过程导入新课。通过物理学史导入新课，除了能提高学生的学习兴趣、提高课堂教学效果外，还可以培养学生的科学素养，了解科学家探索物理知识的过程和方法，知道如何正确地进行科学探索，这是落实对学生物理核心素养全面培养的有效途径。

高中物理课堂教学中，通过物理学史导入新课虽没有如李世民所说的能够明白社会的兴替，但可以使学生明白科学探索的艰辛与曲折。在高中物理课本上只用短短的一句话概括的或只是用一个简单的数学公式表示的物理规律，却是人类经过几千年的探索和一代一代人类不断努力才得出来的。学生在感受到书本上这些规律背后的历史厚重感之后，或许会以最庄重的态度去接受这些人类的智慧结晶。在物理学史上还有许多伟大的物理学家有趣的小故事，当教师通过讲述这些有趣的故事导入新课时，就能很好地吸引学生的注意力，提高他们对物理课堂的兴趣。

5. 利用生活实例展开导入

物理学是一门与生活息息相关的学科，它源于生活，更服务于生活。但是，在高中阶段，有很多学生都感觉高中物理相比较初中阶段的物理更加难学、抽象。如果教师在课堂导入环节中通过引用与学生生活联系紧密的生活实例来导入新课，一定可以很好地吸引住学生的注意力，提高其学习兴趣和动机，还可以使学生切身体会到物理就在大家身边，有极其重要的实际用途。通过生活实例导入新课，还可以培养学生应用所学的物理知识处理实际问题的能力，培养学生理论联系实际的能力，对促进学生的物理核心素养的全面发展有重要的作用。

教师在设计生活实例导入新课时，可以选择学生生活中经常遇到的事情作为素材，也可以引用生活中发生过的重大时事或新闻作为素材，还可以选择生活中常见的物品导入新课。总之，物理源于生活，在日常生活中有许多的素材供教师选择，以此导入新课。通过生活实例导入新课，一方面可以提高学生学习物理的兴趣，消除学生对高中物理的陌生感，让学生先从生活实例中具体的感性认识慢慢上升到对物理知识比较抽象的理性认识，这符合高中学生的认知特点，可以提高高中物理课堂的教学质量；另一方面，还可以让学生体会到物理就在人们周围，生活中处处蕴含着物理知识，要做一个生活中的有心人，培养学生学以致用的能力。

6. 利用认知冲突导入

所谓认知冲突，指的是一种特殊的认知状态，指个体意识到个人的认识与真实的情况不一致或个体认知本身的内部结构的不一致所引起的一种心理状态。在现实生活中，由于每个学生的成长环境不同，导致他们对同一件事的认知也有所不同，这些认识中有些是正确的，有些则可能是错误的。如果教师在课堂导入中针对学生某些错误的认知，通过引导的方式让学生认识到自己错误的认识，使学生处在认知冲突的心理状态中，那么学生出于对正确认知的渴望，对接下来的教学内容就会充满学习动机和了解欲，可以使教学任务高质量地完成。在正式设计认知冲突的导课方案前，教师有必要对与认知冲突相关的一些知识有所了解，让学生在接受正式的物理学教育之前，通过自己的观察、体验和思考对各种物理现象与物理过程有初步的理解和认识，这叫作前概念。在这些前概念中，有些是正确的认知，它可以对学生学习相关的知识时产生正迁移的作用。而利用认知冲突导入新课的方法则是充分利用学生学习物理之前在日常生活中所习得的错误前概念。利用学生的认知冲突导入新课就是在进行物理概念或规律的教学活动之前，让学生充分暴露出自己错误的前概念，激起学生新旧思维之间的矛盾和造成学生的认知冲突，运用或改变其前概念，建构新知识，生成科学概念。

在高中物理课堂中，通过利用学生的认知冲突导入新课，针对学生的错误认知精心设计教学陷阱，引导学生不断地进行思考，使学生认识到自己的错误，从而带着疑问进行新课的学习。利用学生的认知冲突导入新课，既可以引导出学生错误的前概念，使学生在一种矛盾的心理状态下进入新课的学习，也可以很好地激发起学生学习物理知识的积极主动性，使学生对物理学习充满兴趣。与此同时，在导入新课的过程中彻底暴露出了学生的一些错误认知，使学生可以在新课的学习中纠正自己的错误认知，这样有利于提高高中生的物理学习成绩。在设计利用认知冲突导入新课的方案时，教师可以通过以下两种方式创设认知冲突。

一是，利用学生已有知识的不足。在学习物理之前，学生在生活中往往对某些物理问题有自己的看法，但是由于知识水平的不足，某些观点或看法可能是错误的。在课堂导入中，教师就可以利用学生的这些不足创设认知冲突，导入新课。

二是，借助演示实验。教师在课堂导入环节向学生演示某个实验，在实验前学生可能会有某些错误的观点，这时教师可以通过实验结果与学生想当然的观点产生矛盾，进而导入新课。利用认知冲突导入新课的关键就是教师要注重组织和引导学生，要及时抓住学生的认知冲突，产生矛盾的心理，让学生非常想解决这些矛盾，但就学生目前的知识经验又无法做到，使得学生对接下来要学习的物理新课内容充满学习动机和了解的欲望。当学生处在这种认知冲突的心理状态中进行新课的教学时，一定可以使本节课的教学质量得到极大的提高，很好地完成教学任务，实现教学目标，让学生获得正确的物理观念和科学思维。

7. 运用现代化教育技术导入

在现代，随着科学技术的快速发展，以多媒体教育技术为代表的现代教育技术在学校教育中得到了广泛的应用。现代教育技术之所以会得到如此巨大的发展，一方面是因为当今社会生产力的飞速发展为中学教育提供了更加优良的现代教育设施，另一方面是因为现代教育技术相比传统课堂教学手段有着巨大的优势。相比传统的"一张嘴，一本书，一支粉笔"课堂教学，现代教育技术的优势主要体现在以下三个方面：一是化抽象为具体，促进学生的理解。有许多高中生认为，物理学科是一门比较难学的学科，其中很重要的一个原因就是高中阶段的物理比初中物理内容更加抽象。高中物理中多是一些关于物质运动或自然界一些现象本质规律的学习，这不符合学生从具体到抽象的认知特点，学生感到抽象难学就不可避免。而现代教育技术可以通过动画、图片、投影、视频等方式为学生提供感性经验，这对帮助学生理解抽象的物理概念和规律有很重要的作用，进而为学生物理观念和科学思维的发展提供助力。二是活跃课堂气氛，让课堂教学精彩起来。现代教育技术通过图片、动画、声音、文字和视频等多媒体的形式向学生展示教学内容，使课堂教学内容图文并茂。三是创设教学情境，激发学生兴趣。从现实情况来看，这是现代教育技术在高中物理课堂中起到的最大作用。高中物理重点培养的是学生从自然现象中忽视次要因素，通过归纳总结找到事物本质规律的能力。这个过程需要学生自己去归纳总结，而不能用现代教育技术展示给学生。高中物理课堂看重的是培养学生如何进行正确的科学探索活动，而不是让学生记住物理概念和规律。现代教育技术在课堂导入环节中有重要的作用，通过动画、图片、视频的形式，可以在短短的几分钟内把生活中发生的情形展示给学生。在物理世界中，有许多的物理现象是学生难以接触到的，如天体的运行、微观物质的运动等。如果教师在课堂导入环节中用现代教育技术向学生展现出来，那么可以创设出良好的教学情境，牢牢地吸引学生的注意力，激发学生的学习兴趣。

运用现代教育技术导入新课的方法最适合用于导入学生在日常生活中接触不到的，没有感性认识的物理课堂。比如，研究天体的运动规律或微观世界的运动规律。对于这类物理课堂，如果教师在课堂导入环节中通过运用现代教育技术为学生展示相关的视频、动画及图片等素材，那么在为学生提供感性认识的同时，可以很好地吸引学生的注意力，提高学生对物理课堂的兴趣。运用现代教育技术导入新课最大的优势就是可以通过精彩的视频、动画、图片等素材吸引学生的注意力，可以创设愉快轻松的课堂教学氛围，这对提高课堂教学效果有很大的帮助。教师在设计运用现代教育技术导入新课的方案时要注意以下三点。

首先，注意把握好时间。在运用现代教育技术导入新课时，所引用的一些视频或动画往往时间不短，可能在3—5分钟内不能播放完，这就要求教师在课前做好准备，针对该节的教学内容截取最好的一段。

其次，抓住关键，导入新课。在运用现代教育技术导入新课时，往往会出现视频或动画等素材太过吸引学生注意力的情况，这时教师要在导入环节抓住问题的关键，促进学生进行思考，要把学生的注意力从这些有趣的素材中转移到对新课的学习中来。

最后，注重导课实效性，切忌过分形式化。教师在运用现代教育技术时，要密切联系教学内容，要在视频或动画一播放完就引导学生进入新课的学习，不能一味地追求课堂的新颖性，用大量的视频或动画吸引学生的注意力，甚至用一些与教学内容无关的素材，这样会造成喧宾夺主的局面，非常不利于教学任务的完成，也使得教学目标无法顺利完成。

第二节　课堂提问环节

一、高中物理课堂提问的理论研究概述

（一）课堂提问的概念界定

1. 问

问的含义有很多种，而问的应用也有很多方面。在古代汉语中，问的意思有请人解答、审讯和追究、考察、问候和慰问、馈赠、惩办、干预、命令、国家之间拜访、书信等多种。经过长期的演变，问的含义逐渐变得更加清晰，它所代表的语言意境也变得更为明确。在现代汉语中，它保留了向人请教、慰问、审讯、干预等含义。在这些意思中，都有寻求解答和强调的意味。因此，在日常生活中，当人们遇到"问"时总是去寻求它的答案，或对其表述的内容加以注意。

问本身有强调、集中注意和引发思考的作用，它在表述说话者意思的同时，还能够吸引听众的注意，因此被广泛地应用在各种交流信息的环境中。然而，在不同的环境和行业中，人们对问的含义的理解和应用是不同的。对于新闻工作者而言，问的含义主要是了解对方的想法，获取信息。在外交官相互交流的过程中，问的含义最为丰富，几乎可以涵盖问的所有意义。

可见，问在字典中的含义是一定的。然而，不同行业的从业者在应用提问时都会对其含义和内容有自己的诠释。随着提问者对问的理解不同，问这种对话的方式在各行业中发挥的作用也大不一样，而提问过程中需要的技巧和对提问的设计也就有很大的差异。问的含义越丰富，问的设计就越复杂多变。因此，要研究提问的设计，人们首先需要了解的就是课堂中提问的含义。

2. 课堂提问

根据研究的对象不同，可以把课堂提问划分为教师提问和学生提问。

课堂提问是一种历史久远、应用广泛的教学形式。课堂提问既是教师

在课堂教学过程中的有机组成部分，也是教师提出问题、解决问题、培养学生自主学习能力整个过程的首要环节。它的含义远远不止是表面的意思，还有更加深刻、广泛的含义。国内外诸多学者对课堂提问进行了界定。许高厚等指出："课堂教学提问是指在课堂教学中，教师根据一定的教学目标的要求，针对有关教学内容，设置一系列问题情境，要求学生思考回答，以促进学生积极思维，提高教学质量。"皮连生对课堂提问的含义做出了更加具体的表述："提问是通过师生相互作用，达到检查学习、促进思维、巩固知识、实现教学目标的目的。"申继亮、李茵等人将其概括为"教师最初的提问引导出学生最初的反应和回答，再通过相应的交流，引出教师希望得到的答案，并对学生的回答予以分析和评价，这就是一个完整的课堂提问过程"。《心理学基础》做出这样的阐述：课堂提问是教师在课堂教学中向学生提出问题、引导学生回答问题、教师有效提问教学行为分析及培养策略研究，并对学生的回答做出适当的评价的教学方法。

综上所述，发现课堂提问的方式并不仅仅限于语言这种普遍的方式，还可以包括教师的一个眼神、手势、表情等传达信息的方式。通过课堂提问，不仅能巩固知识，反馈教学信息，纠正学生错误的思维，而且可以调动学生参与教学活动的积极性，启发学生的思维，发展学生的心智技能与口头表达能力，更好地形成完整的认知结构。因此，课堂教学是在课堂教学过程中，根据教学目标、要求、内容及教学情境精心设计问题、进行教学问答的一种师生互动的形式。

（二）核心素养导向的高中物理课堂提问的特征

1. 目的明确

课堂提问的目的或是引起学生注意，或是检查教学效果，或是引导学生突破难点，或是调动学生思维，或是提高学生的表达能力，但最终的目的是落实对学生物理核心素养的培养。对此，教师必须做到心中有数，目的明确。明确的目的指引着教师去设计问题，推敲提问的内容和形式，以及如何选择问答者，如何更好地评价学生的回答。例如，有时教师提问不是为了得到一个正确的答案，而是通过这个问题启发学生提出问题，这时评价的角度就不一样。

2. 要点清晰

课堂教学中所提的问题，由于在很大程度上体现了教学内容和教学进度的安排，所以这些问题必须遵循课程目标和教学内容的要求，不可偏离和扭曲课程目标与教学内容。提问一定要有一个清晰的要点，这些要点是围绕教学目标、教材重点和教学难点展开，针对一个或几个具体内容进行设计的，简明清晰，针对性要强。这就要求教师要研究教材和考纲，结合新课程标准对高中物理每一章节内容的教学要求，如重难点等，做到心中有数。

3. 难度适中

学生在课堂学习时已经具备了一定的知识基础，在物理核心素养的各个板块上也表现出了不同的高度，因此课堂教学中所提的问题一定要符合学生的年龄特点与认识水平，先易后难，有合理的梯度，使学生的物理核心素养能够由现有发展区向"最近发展区"跃进。课堂提问过难或过易，都无法激起学生回答的热情。教育心理学研究表明，如果问题所要求的知识与学生已有的知识没有联系，这种联系指的是有意义的、本质的联系，那么这个问题就太难了，学生无法回答；如果问题所要求的知识与学生已有知识完全相同，那么这个问题就太容易了，学生凭记忆就能回答；如果问题所要求的知识与学生已有知识有联系，但又有中等程度的不一致，它对集中学生注意力、动员学生积极参与最有效，那么这个问题难易适当，学生通过学习可以回答。这应该作为教师设计问题的一个原则。

教育测量中的难度概念为提问提供了依据。难度 $PH=1-P/W$，其中 W 表示课堂内的总学生数，P 是能够回答的学生数，难度 PH 在 0 至 1 之间。若 $PH=0$，表示全体学生都会回答；若 $PH=1$，表示没有学生会回答。PH 值应控制在 0.3—0.8，即按一个班 50 人为例，适当的难度应控制在 P/W 等于 0.2—0.7，会回答的人数 P 等于 10—35 人。

4. 适时适量

为了进一步落实核心素养的培养目标，教师应该在最佳的时机提问，如学生的物理观念不清晰、科学思维难以落到实处，或者对科学探究不感兴趣时，恰到好处地把握提问的频率。而且，问题的设置应是疏密相间，留给学生充分的时间进行思考。

适量就是提问要抓住知识的关键，要对问题进行精心设计和组织，能用一个问题解决就不提两个问题，不能一个接着一个问，使课堂变成"满堂问"。提问数量过多，会使学生忙于应付，根本就无暇深思，重结论轻过程，提问流于形式，用少数优等生的思维代替全班学生的思维。当然，教师也不能不提问或提问太少。如果教师全盘讲解，该让学生自己思考的问题教师也代劳，直接说答案，那么这样的课堂就变成了"满堂灌"。

适时就是提问要把握好时机。例如，当学生思维受困或者对所学知识有所发现、有跃跃欲试的愿望时，提问是最合时宜的，有助于启发学生的科学思维，引导学生展开科学探究。当教师教到关键处、疑难处、含蓄处、矛盾处或异常处时，切不能放过这些提问的好时机，否则会失去让学生训练思维、活跃课堂气氛和提高教学质量的机会。

5. 重在启发

基于核心素养的课堂提问应以引导启发为主，具有启发性，让学生能够将问题和知识转化为促进自身发展的动力。教师要善于使用问题引导学生产生好奇心，集中注意力，能激发学生踊跃地进行思维活动，从而使其自主地进行思考。教师可以提示一些解决问题的方法，把线索抛给学生，引导学生广开思路，多方面、多角度地解决问题，让学生自己寻找正确的答案。在这个过程中，学生的科学思维能力得到提高。

二、核心素养导向的高中物理课堂提问策略

（一）提升教师对核心素养与课堂提问关系的认识的策略

教师是课堂教学的组织者，特别是在物理课堂教学中，很多实验的操作、概念的理解及规律的应用过程都需要教师对学生的行为加以指导和干预。因此，教师对课堂提问行为的认识程度直接影响提问的质量和提问的水平发挥程度。在新课程改革的环境下，教师的目标是实现对学生物理核心素养的培养。作为教学的重要环节之一，通过课堂提问来实现这一目标也是必不可少的。因此，物理教师在运用提问之前，有必要重新审视自己对提问的认识和理解，树立健康、正确的提问观。

1. 优化提问的意识

课堂提问能够引起学生的注意，激发学生的学习动机和兴趣，但课堂提问是否是多多益善呢？当然不是。内容新颖、表达准确、能够引起学生积极反应的问题是有意义、有价值的问题。相反，枯燥而缺乏新意的问题，不但不能促进学生的思考，甚至可能损害学生参与学习的热情，进而影响到学生物理核心素养的发展。问得多、问得广不代表问得好。课堂上能够开发的问题是无限的，而课堂教学的时间和资源却是有限的，在有限的时间内，提出值得思考的问题才是有价值的课堂提问。教师在理解课堂提问的过程中，不是要强化自己的问题意识，做到每事必问，而是要优化对提问的理解，做到最优问。

高中物理教师优化提问的意识时可以通过以下三种方式。

第一，建立对课堂提问与核心素养的基本认识。从问的本质出发，理解不同情境中的"问"，比较课堂提问与其他场景中的"问"之间有哪些异同。通过这些对比，建立自己对课堂提问的认识和观点，界定自己对提问的理解。通过对提问的深入思考，捕捉物理课堂提问能够对学生物理核心素养发展的帮助，体会问给课堂带来的裨益。

第二，体验问的过程。墨守成规、缺乏创新精神的教师很难培养出有创造力的学生，同样在生活中不会发现问题的教师也很难在课堂上用提问启发学生的创新思维。教师只有在生活中把自己培养成一个"好问之人"，尽力捕捉生活事件中的关键点，适时提问，体验问与思的过程，才能在课堂上成为一名"善问之师"。

第三，丰富课堂提问的经验。在课堂观察的过程中，人们发现经验丰富的老教师比年轻教师更容易抓住课堂提问的关键点，提出的很多问题直指大部分学生思考的误区和思维的关键点。大家相信，这是教师在多年工作中积累的结果。课堂教学是一个动态变化的过程，不同学生对它的理解和接受程度不同，但处于高中学习阶段的学生发展水平是相对稳定的。因此，课堂中学生的认识存在相当多共性的内容。通过观察、积累和分析，教师能够迅速地丰富自己提问的经验，反思问题对学生的影响，不断提升自己提问的意识，在实践中打磨出最优质的提问。

2. 转化提问的观念

教师转化自己提问的观念主要指的是教师要在课堂提问的过程中对学生建立正确的态度,树立平等的学生观。在以往的高中物理教学过程中,课堂提问是教师对学生的校正环节,教师在课堂上具有很高的权威。教育社会学研究表明,在课堂教学中,应答多半是满足别人的问题、命令或请求中所含要求而采取的言语或非言语的行为。学生对教师的应答是对教师要求的一种服从,教师对学生应答则是对学生的一种帮助。几乎在所有的课堂教学中,学生指向教师的言语行为基本上都是学生个体在回答教师的提问,或者全班学生按照教师的要求回答问题。

在新课程改革的环境下,教师的目标是实现对学生物理核心素养的培养,这个过程属于学生对知识的内化、自我构建过程。在这个过程中,为了控制课堂,教师需要树立自己的权威,但这种权威绝不仅是教师身份所赋予的传统的权威,而是要在知识、技能、人格情操等方面成为学生的模范。这样,学生在课堂上的服从就会上升为主动地模仿教师的行为,吸收教师的品格、才能、行为举止并认同成为自己人格中的一部分,继而在潜移默化中上升到学生核心素养的层面上。

课堂上,教师大部分的提问不应是为了让学生服从自己地位的权威,而是希望通过提问催化学生的思维,让学生在活跃的思考中得到提高。这就需要教师转变对自己权威的认识,用间接引导的方式控制课堂,建立与学生平等的意识。教师怀着平等、谦和的态度对学生提问,引导学生提出意见,能使学生由应付、服从转变为主动跟随教师的思考,自觉加工学习的内容。此外,教师还应该适当地给予学生发表见解的机会。提问和分析问题都是一个人思维独立的表现,而独立的思考是创造的前提。

课堂上学生发表的见解是十分可贵的,即使其中有许多不成熟之处,但至少参与思考的精神值得鼓励。因此,教师在课堂中应该打破自己权威的观念,关注学生见解的同时,鼓励学生的思考。

3. 淡化提问的气氛

很多学生认可提问的作用,思考提问的内容,但不愿意参与提问的过程,还有很多学生认为"心里想,不举手回答也是一样的","会的时候愿意,不会的时候不愿意"。大部分的学生在回答错误后还愿意接受提问,说明学生不愿意参加提问并不是由于受到教师方面的压力，更多顾忌的是来自课堂和学生群体的压力。为了缓解学生的压力，教师在课堂中应努力创设轻松的课堂氛围，使学生处于松弛的心理状态，不用担心说错给自己带来困扰，这样容易激活学生的思维。另外，在轻松的环境中，学生思考的维度更宽阔，不容易产生焦虑的情绪，有助于解决问题，对学生核心素养的发展也是有着巨大帮助的。

（二）设置发问点的策略

发问点是教学过程中提出问题的切入点。在适宜的发问点处提问，不仅能够引起学生的兴趣，还可以引发学生的思考。相反，发问点选择不当，会使问题的功能变得单一，也会使学生陷入被动的回答中。因此，发问点的选择能够直接影响教师提出问题的质量。

1. 重难点处引思考

教学过程中通常在重点和难点的地方设置问题。教学重难点会成为学生在物理核心素养发展上的巨大阻碍，如学生对一个概念理解不透彻，就会限制学生在物理观念素养上的发展，在接下来的学习中，由于概念的不深刻，还会限制学生对相关概念的使用，继而影响学生的科学探究过程和科学思维发展，并降低学生对自我的期待，阻碍学生科学态度与价值观素养的发展。因此，对于教学重难点，教师绝不能得过且过，要使用科学的提问方式，为学生物理核心素养的发展铺平道路。

对于重点知识，学生在初学的时候往往感觉很简单、好理解，其实并没完全领会其中的深意及其在不同情况中的应用。教师应在这里设疑发问，启发学生深入思考、反复揣摩，以达到正确理解。难点知识是学生不易理解的地方，在这里设置问题可以分解问题的难度，把握思考的方向，达到排疑解难的目的。在重点和难点知识处发问，可以采取以下方式捕捉发问点。

（1）联系实际，应用知识

通过课堂学习，学生对重难点知识有了一定的认识和了解，但仅停留在知道的水平层面上。大多数的学生是被动地接受观点，吸取教师给予的内容，缺乏思考。教师应联系日常生活中的现象，巧妙地设置问题，让学生运用学过的知识解决或解释问题，这样不仅会使学生感到学以致用、获得成功的乐趣，还能激发其积极思考，重新认识知识点。同时，在应用知识的过程中，学生的思考可能会遇到困难或矛盾，使原本处于无疑状态下的学生变得有疑。只有通过反复思考，才能真正完成对知识的理解。应用知识的过程既是学生不断自我提高的历程，也是培养学生对物理的情感的有效途径。而且，物理学本身就是与实际联系紧密的科学，其中的很多内容都源于生活，让本属于实际的问题回归到生活中去，并运用它改造、解释生活中的问题，正是物理学习的目标之一。例如，在学习动量定理的过程中，学生有能力从已有的知识出发，推导得到动量定理的有关内容，但对这个定理缺乏实际的认识，这时教师从生活中已有的情境出发，联系实际创设问题，不仅能够帮助学生学习解决问题，还能使学生认识到物理学习与生活息息相关。

（2）层层深入，连续发问

一般情况下，重点和难点的知识分为不同的理解层次，而且是逐层递进、内涵不断深化的。在帮助学生理解这些内容的时候，教师需要将其拆解成不同的层次，并在每个理解层次上设置相宜难度的问题，考查学生的理解水平，启发学生的思维，使其进入更高的阶段。在寻找这类发问点时，教师应该注意合理分解知识的难度，太易会显得过于烦琐，太难则可能影响学生学习的积极性。按照"最近发展区"理论，要让大多数学生通过思考就能够完成不同难度层次之间跨越的过程，并在这个难度范围内，层层深入设置发问点，形成连续思考的局面。

（3）矛盾争论，提问梳理

矛盾可以使学生的思维始终处于活跃的状态。通过解决矛盾引起的问题，会给学生留下深刻的印象，这是教师的讲解无法达到的，对学生科学素养发展的帮助也是不可估计的。物理学习中，容易引起矛盾的往往是学生生活中的经验与物理原理表面上的不统一。提问能够帮助学生反思思考中的矛盾，用物理原理解释生活中的现象，修正自己不客观的生活经验，得到正确的认识。课堂提问在解决学生内心矛盾、处理争论的过程中，不仅能够为学生梳理庞杂的知识体系，还能够让学生认识到科学是客观、理性的智慧，是需要切实证据来论证、解释的，不能用随意的臆测和"应该"

代替科学的结论。因此，教师要善于把教学内容本身的矛盾与学生已有的知识和经验间的矛盾作为设计问题的突破口，启发学生去探究为什么，使学生的认识逐步深入。

2. 平淡处引玄机

物理核心素养的培养目标是将物理知识和探究手段内化为学生自身发展所具备的品质或个性，是一种潜移默化的过程。而教学中有很多地方看似平平常常，学生在学过之后提不出什么问题，而且在这些地方，学生往往能够理解教师的讲授，却不能将知识延伸到更丰富的层面上，不能纵向比较所学的内容，也就无法深刻理解知识。这时，教师很容易认为教学目标已经达成，学生也觉得自己完全学懂了。将这些知识点或者教学方法拾起来，展开问题探究，可以成为落实对学生物理核心素养培养的重要途径。

尤其在理解一些物理概念、规律的时候，尽管教师用简洁的语言描述了物理过程的本质属性，但初学者仅将它的表层含义作为认识的全部内容。其实，很多物理概念和规律不能仅从语义的角度理解，需要学习者不断地体会其中的深意。平淡的学习过程会让学生产生自满的情绪，使其误以为理解的进程已经结束，从而停止思考的进程。这时，教师应该及时为学生设置问题，引导学生理解文字中的玄机，让学生及时检测自己的理解，寻找认识中的不足，引发学生发散思维，增强学生的应变能力，培养学生思维的广阔性与深刻性。

事实上，教学过程需要像一幕戏剧一样跌宕起伏，这样才能使学生长期地保持学习的兴趣和乐趣。相反，平淡的教学过程容易使学生产生倦怠感，失去学习的动力，而且学生的物理核心素养也得不到发展。

当学习进入平缓的进程中时，学生思考的积极性大大减弱，教师应抓住这样的契机，创设新奇的问题，激起学生的思考，灵活地变换问题，丰富物理教学内容。例如，在学习了机械能守恒定律的相关内容之后，学生知道了它的推导过程，并通过分析得出了它的适用条件，基本掌握了这个规律，而且对定律本身毫无异议。这时，教师向学生提问："机械能守恒定律是通过动能定理推导出来的，而动能定理又是由牛顿运动学定律得到的，所以能用机械能守恒定律解决的问题也可以用动能定理和牛顿运动学定律来解决。那么，它们在使用上有什么差异呢？大家如何选择才能使运算最为简便？"为了研究这个问题，教师可以与学生尝试使用不同的方法解决同样的问题，并讨论各种方法在解决问题过程中的难易程度。虽然学生已经掌握了相关知识内容，但并未透彻理解引入这个定理的目的。通过提问和解决问题，学生就能比较出各个规律在解决问题中发挥的作用，进而从根本上把握这个知识点。同时，通过这个问题，学生对物理研究的思想和方法也有一个初步的体会，在这个过程中，学生的科学思维和科学探究等素养都得到了培养。

3. 连接处引下文

课堂的开始和不同教学内容之间的转换部分都是教学的连接之处，是新的教学进程的开始，也是引起新知识内容的导火索。教师对这些关键部分的处理是否精彩，将直接影响以后教学是否能引起学生的注意，使学生快速进入学习的紧张状态。所以，在连接部分，教师应抓住提问的机会，精心准备问题，帮助学生迅速转换学习的态度，让学生进入积极响应的阶段，为下面的内容提供应有的心理准备。

课堂导入部分是一节课学习的开始，也奠定了学习的气氛和节奏。轻松而富有智慧的开始是成功的基础。能够引起注意的导入会使学生全程跟随教师的步调积极前进。相反，乏味枯燥的课堂开始会使学生陷入沉闷之中，使整个课堂变得没有生机。

4. 结尾处引兴趣

一堂好课应由矛盾而终，使其完而未完，意味无穷。在学习结束的时候，教师应根据知识系统，承上启下地提出新的问题。这样，不仅可以使新旧知识有机地联系起来，还可以激起学生新的求知欲望，为下一节课的教学做好充分的心理准备，让学生留有悬念，为学生的下一步学习埋下伏笔。在物理学习中，很多内容之间存在联系，有些知识是由前面的部分引发而来，彼此之间相互衔接，构成一个整体。在课堂的结尾处发问，可以帮助学生引发新内容和以往内容之间的联系，为下一节的教学奠定基础。

（三）设计问题的策略

1. 语言的设计

语言是思维的表达工具，是传递抽象的思维和思维成果的途径。同时，语言也是教师进行劳动的特殊工具。课堂提问作为教师的一种语言行为，除了需遵守教学语言行为、讲解行为的相关要求之外，还需以提问的行为原理加以规范。

（1）简洁明确，清晰易懂

在提问的过程中，教师利用短暂的时间集中了大多数学生的注意力。由于时间有限，教师在表达问题的时候语言应该科学无误。如果教师叙述问题的时候拖泥带水、思维混乱，就无法为学生提出清晰的问题，学生的思考也就无从入手。同时，问题的表述应该语气连贯、句式完整。提问中插入的内容虽然能够帮助学生回顾一些知识，但容易转移学生的注意力，打乱问题的完整性。在叙述完问题之后，教师应该适当地为学生重复问题的关键部分，帮助学生更好地理解问题的核心内容。

（2）轻重相辅，有张有弛

教师一般用几个句子表述问题的内容。在发问的过程中，教师的语言应当有扬有抑，为学生描画出丰富的物理世界，在问题的关键处和转折的条件部分加重语气，给予学生难易提示的同时暗示学生集中思想，参与思考，提防即将出现的提问。教师语气、语调的不断变化，为学生传达或松弛，或紧张的情绪，为学生创设出丰富的课堂氛围，让学生置身其中，身心受到感染，体验有张有弛的学习过程。反之，如果教师语气和语调平缓、均匀，就无法让学生抓住问题的重点，情绪上也不能出现波动，课堂就会变得单调、乏味。

（3）幽默诙谐，轻松愉快

幽默感是对表达内容深刻的理解和表达方式的艺术表现，是以笑为其主要特征形态，表现为温文尔雅、委婉轻快，既不粗浅，也不过于辛辣、刺激，而是富有哲理和饶有意蕴。有时三言两语却妙趣横生，有时片言只语会令人忍俊不禁，让人在笑声中明其智、悟其理。同一般幽默一样，教学给人一种心理的暂时解脱和心灵的松弛，产生一种压迫被解除的快感。幽默的语言能够缓解课堂紧张的气氛，让学生轻松愉悦地思考问题。物理教学中，有许多与生活有关的现象，其中充满了智慧和乐趣，只要教师悉心挖掘，就可以找到幽默的引发点。通过幽默的提问，课堂气氛变得轻松愉快，学生更愿意投入提问中来，乐于参与这样的课堂活动。变换形式、关注人文提问的过程中，教师应善于运用各种句式，变换提问的形式，运用不同的问法集中学生的注意力，增强提问的趣味性和回答的积极性。提问语言的变化能不断地给学生带来新意，给学生更多发表自己想法的机会和更广阔的回答空间。另外，物理是探索自然的科学，自然是博大而美丽的，质朴的语言能叙述自然的变迁，但不足以勾勒自然的美与厚重。在提问的过程中，教师需要关注对学生的人文教学，将自然之美用生动的语言展现在学生面前，让学生在获得客观科学知识的同时，体验科学的和谐。教师应开发物理教学中的美学元素，丰富提问的语言，让自然科学之光折射出人文科学的灿烂，这样有助于学生科学态度与责任素养的健康发展。

2. 内容的设计

问题是思维的火花，能够在教材内容和学生认知结构之间制造不协调，从而使学生在现有知识和经验发生矛盾的过程中产生学习的动力。在设计问题的内容时，教师需要注意以下四个方面。

（1）情境化

所谓问题情境，是指学生提出问题或接受教师提出的问题，从而产生好奇心与学习愿望的情境。将问题置于一定情境中，能够帮助学生迅速地转化思维，寻找出思考的角度。同时，情境一般与学生熟悉的内容相联系，能够有效地吸引学生的注意。将解决问题的条件隐含在情境中，增加问题难度的同时，训练学生的敏锐程度和细致水平。而且，问题情境的设计应与现实相结合，考查学生对知识的运用和掌握能力。此外，情境还应具有一定的复杂性，让学生感到探索的价值。教师在设置情境时，要考虑学生认知能力的发展水平，使问题情境的已知和未知之间的距离处在"最近发展区"。

（2）有序性

提问的有序性是指教师根据一定的原则，运用一定的方法对其在课堂教学中所提的前后问题之间相互关系的设计安排。教师在提问的过程中要根据问题内部的逻辑关系安排问题的顺序，将不同的问题紧密地联系在一起。同时，设计问题顺序的时候还要考虑学生的认知规律、思维规律及物理课堂教学的规律，根据问题编排中组织结构的特点，设计出既符合学生实际情况，又符合教学目的的有序的问题体系。问题的顺序可以是层层递进，环环相扣；也可以是众星拱月，大问题统领小问题；还可以是追本溯源，追寻问题的本质。无论按照什么样的顺序进行提问，都要保持提问的顺序性，防止问题跳跃过大或彼此孤立。

（3）预测性

教师的提问不应是心血来潮，问题要围绕一定的教学目标进行设计，既希望学生通过某个问题的探究形成相应的物理核心素养，又是为了锻炼学生的创造性思维等，避免无效的问题对学生的理解造成干扰。当一个问题提出后，教师应做到心里有数，知道问题的大体方向，或是答案的各种可能。同时，教师还要对学生的回答做出预测，并针对学生的回答予以正确引导，纠正学生思维的误区，使其达到或接近预定的教学目标。教师要掌握问题考查学生的哪些方面，猜想不同程度的学生会从什么角度入手思考问题，以及如何启发学生的思维。教师要全面把握问题的内容，及时根据学生回答的情况拓展问题的影响范围，保证提问的广泛性。

（4）创新性

课堂提问是教师与学生之间对话的过程。物理课堂上，教师提出的很多问题有固定、标准的答案，而这就限制了学生思维的开阔性。学生面对提问时，总是试图寻找教师心中的正确答案，用对或错来衡量自己回答的水平，忽略了自身思维的发展。对此，教师应该关注学生对问题的理解，在设计问题的时候给学生更多发挥自我的空间，让学生能够抓住机会表达自己的想法，表现自己创造的才能。在解决物理问题的时候，问题的结果大多是固定的，但学生思考的角度和方法未必相同，所以课堂提问应该加强对学生思考过程的关注程度，让学生阐述自己解决问题的灵感是如何产生的，帮助学生认识自己思维的过程，这样有助于巩固学生的物理观念，发展学生的科学思维。

3. 情感的表达

教师在教学的时候要把学生当作有思想、有情感的独立个体来看待，提问时要公正无私地对待全体学生，对学生坦诚相见，平等地对待每一个学生，建立师生之间深厚的情感基础。教师的提问不是长辈对晚辈的检验，而是像朋友一样和学生共同探讨知识，要在提问的过程中让学生感受到来自教师的关切和温暖，消除学生紧张的情绪，建立和谐的课堂氛围，并为学生提供发挥的空间。教师在表达情感的时候要注意面向全体学生，平等地对待每一个人，不能因为一些学生的认识发展缓慢而忽略了他们的感受，注重与每个回答者之间情感的交流，并善于运用情感影响学生的心理健康和成长。教师在与回答者进行情感交流时，要关注与其他学生之间的情感交流，让学生感受到来自教师的关心。

（四）叫答的策略

教师的课堂提问既是一种技巧，也是一种学问、一门艺术。在课堂上，面对所有学生，教师提出的问题应该是具体而又全面的，要具有普遍的意义。如果问题忽略了大多数学生的感知，只是一个或者几个学生积极回应，问题就失去了意义。有很多教学实践案例表明，在高年级中，学生直接回答与成绩呈现负相关。因此，教师课堂提出的问题应该为每个学生创造基本相同的回答机会。在此过程中，教师一方面要适度让那些思维敏捷、积极参与回答问题的学生自由发言，另一方面对于那些思维稍慢或沉默不语的学生，应该鼓励他们并给予更多的表现机会。从教学的实践情况来看，按一定的形式依次请学生回答、用学生可预见的规则叫答方式要比教师随机叫答方式的效果好。因为规则叫答方式可减轻学生的焦虑程度，有利于集中注意力，而且教师随机叫答多倾向于让好学生回答，这对能力较差的学生不公平。由此可见，在课堂提问的过程中，教师需要尽可能地控制那些自愿回答的学生，选择不同程度的问题让不同水平的学生参与讨论或回答。同时，在教师与学生互动的对答过程中，应该平等、和谐且积极向上。实际上，教学中的师生互动不仅要考虑学生对提出问题本身的理解和应用，作为问题的提出者，教师更要考虑自己的处理对于其他学生学习的影响，尽最大可能让全体学生从师生互动中领略到对自己有益的启示，这样才能体现出提问的高效性，并且有针对性地培养学生的物理核心素养。

可以这样说，在教师提问过程中，叫答范围的广泛与否，将直接影响教学效果的好坏。所以，有经验的教师通常的做法是保证全体学生在一个单元教学的时间内基本都有相当的被提问（叫答）的机会。这样，既能为所有学生提供平等的锻炼机会，保证和谐的师生关系，又能在物理教学中培养全体学生的学习兴趣和动力，提高课堂教学的效率，更好地落实核心素养的培养目标。

（五）倾听的策略

在课堂上，教师提出问题以后，学生会立即对问题中的信息进行理解和处理，形成自己的观念，并通过语言或行为回答反馈给教师，而教师得到回答后的行为表现（肯定或者否定、热情或者冷漠等），将会直接影响到自己所提出的问题是否能保持师生双向交流的进行和学生能否对提出的问题有持续的热情。所以，认真倾听学生发言的过程是教师在提出问题后要特别重视的问题。实践教学告诉人们，既不催促，也不轻易评价的做法效果出奇地好。其实，学生的思维是异常活跃的。在教学实践中，很多教师会为学生那别样的思维火花所惊叹，他们经常会给教师的教学带来意想不到的新问题，保证了教学进程的顺利进行。

在教学过程中，认真倾听学生的回答且不轻易打断他们的叙述，不仅仅是对学生回答的一种鼓励和尊重，更能有效地促进教师的教学。所以，教师要学会倾听，不要轻易打断学生的回答。另外，在倾听的过程中，尊重并平等地对待学生是每位物理教师必须遵循的原则。在鼓励学生自由地发表个人意见的同时，要耐心等待着他们发言结束后再纠正或者讨论，并尽可能多地捕捉他们的思维闪光点。

比如，在探究描述匀速圆周运动的物理量教学实践中，在教师提问"可以从哪些方面来比较物体做圆周运动的快慢"这一问题时，大多数学生从以下四个方面回答：比较单位时间内物体通过的弧长、比较单位时间内物体转过的角度、比较一秒钟物体转过的圈数、比较物体转动一圈需要的时间。但也有学生可能回答比较单位时间内物体和圆心连线扫过的面积这一答案。此时，教师就应该仔细分析并把这类答案归结为前两类答案，然后给予学生鼓励。除了叙述语言外，教师的行为语言在倾听的过程中也能够发挥意想不到的巨大作用。有时，教师一个会心的微笑会缓解学生回答过程中的紧张情绪，一个理解的眼神会鼓舞学生对不确定想法的坚持，某一个肢体行为可以让学生感受到亲切的期待和厚爱。这些非语言行为能成为师生心灵交流的桥梁。

（六）反馈的策略

教师及时、准确地对学生的回答或提出的问题做出评价，是课堂提问的重要环节。因为教师要知道教与学过程的效果如何，只有通过教学评价，才能获得最准确、具体的信息。比如，学生对知识掌握了多少，教学中还存在哪些盲点等，从而有针对性地实施下一步的教学，取得更好的教学效果，落实对学生物理核心素养的培养目标。在此基础上，完善之前的教学计划和方法，也就达到了教学相长的效果。在课堂上，当学生回答结束后，教师的反馈意见直接影响着学生的学习心理。实践教学告诉人们，积极有效的反馈对于建立和谐的师生关系是有巨大意义的。有效的反馈不但让学生明确自己是否完成了学习目标，而且对提高学生学习兴趣、增强学生的自信、激发学生的学习动机等都有很大帮助。有时，教师不经意的消极反馈就会让学生处于比较被动的学习状态，甚至会使一部分学生失去学习兴趣，从而影响学生一生的发展。在回答过程中，不同学生回答的效果肯定不同，教师的反馈也就应该因人而异。那些思维敏捷的学生的回答往往迅速而坚决，也充满着自信，教师的反馈首先要考虑到保护他们的自信。所以，无论学生回答全面与否，教师都要先肯定学生的回答，然后继续倾听他们的进一步解释，最后再对学生阐述的思维过程进行有针对性的点评。在此过程中，教师要注意帮助那些仍然理解不了问题的本质、存在诸多疑点的学生从中获得正确的理解。

不是所有学生都能全面、细致地思考和回答问题。实际情况下，很多学生总会因为这样或那样的原因忽略问题的一些条件，甚至存在知识上的漏洞。所以，他们对问题的回答往往犹豫不决或者不全面、不完整。对此，教师应该了解他们上述种种表现的原因，并给予合适而恰当的反馈。最好在表扬与鼓励的前提下，教师与学生互动讨论，帮助学生梳理自己对问题的认识思维，分析学生对问题认识不全面的原因，层层分析，细化问题，找出忽略的条件，提供新的思考线索并最终解决问题，如此才能有效地锻炼学生的科学思维素养。在此过程中，需要注意的是，教师还要注意保持良好的情绪，以消除学生害怕批评不敢正视问题的顾虑。

再优秀的学生，也可能对某一问题的理解存在误区。当学生回答问题结论完全错误的时候，是否采取灵活而多变的反馈方式能够直接反映出一个教师的教学业务素质。此时，有经验的教师会及时弄清学生出现错误的具体原因，通过正确的引导，帮助其改正错误的想法，或是将问题拆解，或是转换问题的内容，或是变换问题的角度等，最终找到解决问题的最佳方案。

例如，在学习同步卫星的相关知识时，学生掌握了同步卫星的定义和运动规律后，教师提出一个问题：同步卫星和地球上自转的物体一样都相对地面静止且周期相同，那么二者是否有区别呢？学生考虑了几分钟后，多数都回答没有区别。教师此时不要简单地对他们的回答进行评价，而是继续追问：同步卫星和地球上的物体转动一周的时间都是 24 小时，那么它们的向心力是否一样？如果不一样，区别是什么？它们做圆周运动的线速度、角速度、向心加速度都一样吗？可以说，这样的反馈提问犹如一石激起千层浪，学生随即展开热烈的讨论。当然，教师采用哪种反馈方式并不是非常重要，启发引导学生消除思维障碍，进而解决问题才是反馈的最终目的。

总之，教师的反馈策略是由学生对问题回答情况的变化决定的，这说明教师要在学生的不同回答方式和结论中来进一步完善自己的策略。因此，教师在反馈的过程中需要仔细观察反馈对学生的影响，之后不断丰富自己的策略，努力提高自己的课堂提问能力，进而实现课堂提问的高效。

第三节　实验教学环节

一、高中物理实验教学的理论研究概述

（一）核心素养导向的高中物理实验教学的要求

1.强调探究过程与方法

脱离物理知识单独介绍科学方法，学生很难真正理解科学方法的内涵，也难以用所学的科学方法解决问题。物理核心素养的形成要求学生进行充

分的探究学习，就是需要经历科学知识的发现和学习过程。

高中物理新课程标准将核心素养作为物理教学的最终目标，其中的物理观念、科学思维和科学探究素养也强调了实验过程，如"通过实验，探究加速度与物体质量、物体受力的关系""通过实验，认识洛伦兹力"。高中物理新课程标准对实验教学的要求是促使学生经历科学探究过程，认识科学探究的意义，尝试应用科学探究的方法研究物理问题，验证物理规律。通过物理概念和规律的学习过程，了解物理学的研究方法，认识物理实验、物理模型和数学工具在物理学发展过程中的作用。学生能计划并调控自己的学习过程，通过自己的努力能解决学习中遇到的一些物理问题，有一定的自主学习能力；参与一些科学实践活动，尝试经过思考发表自己的见解，尝试运用物理原理和研究方法解决一些与生产和生活相关的实际问题；具有一定的质疑能力，收集信息和处理信息的能力，分析、解决问题的能力和交流、合作的能力。

2. 倡导交流与合作

把"交流与合作"的基本理念融入实验教学过程，是新课程标准的创新点。课程标准中有"交流讨论日常生活中表面张力现象"等实例，司南版教材有"讨论与交流"栏目。科学交流对科学发展的巨大作用是有目共睹的。首先，科学家可以通过交流从其他科学家的研究中获得启发，确定自己的研究方向，如法拉第从奥斯特发现电流的磁效应中获得启发，投身于由磁产生电流的研究中；其次，可以发现自己研究的不足，改进自己的理论和观点，如美国物理学家戴维逊在研究镍对电子的散射时，曾发现电子被散射后出现类似光的干涉、衍射图样，于是他把这归因于镍靶中出现大块晶体。当了解到德布罗意的物质波理论后，才意识到这可能是由电子的波动性造成的。同样，在探究性实验过程中，学生由于背景知识的差异和看问题的角度不同，对同一事物的认识存在着很大的差异，要形成比较一致的科学结论，有效的方法就是让他们把各自的看法表达出来，互相交流看法。美国国家教育研究理事会编写的《科学探究与国家科学教育标准——教与学的指南》中对交流技能的要求是，学生公布他们的解释，使别的学生有机会就这些解释提出疑问、审查证据、挑出逻辑错误、指出解释中有悖于事实证据的地方，或者就相同的观察提出不同的解释。

3. 重视将信息技术应用到物理实验中

课程改革要大力推进信息技术在教学过程中的普遍应用，促进信息技术与学科课程的整合。而高中物理新课程标准提出，信息技术进入实验室，要重视信息技术在高中物理实验中的应用，加快物理实验软件的开发，可以利用计算机实时测量来绘制电磁感应的电压变化曲线，利用软件的交互性培养学生的实验能力。人教版新教材在"做一做"栏目中多次介绍了信息技术在实验中的应用。例如，第二章第一节"用计算机绘制图像"、第四章第五节"用传感器研究作用力与反作用力的关系"等。另外，学校计算机配置情况的改善也为教师将信息技术应用于实验提供了可能，有的学校还有现成的资源可以利用，如仿真实验、实验示范视频。此外，教师也可利用计算机、投影机和视频展示台展示一些图片、动画等，或者利用计算机网络为学生提供必要的资源。

4. 实验要具有灵活性与开放性

实验开放首先是实验室的开放，这是学生进行自主实验的基本条件。高中物理新课程标准要求，应最大限度地利用实验室现有器材，力求利用多年闲置的器材开发新的实验；充分地开发和利用实验室的丰富课程资源，尽快改变实验室的封闭式管理状态，实验室应尽快向学生开放，鼓励学生主动做课外实验。这样，可以让学生去熟悉、接触和选择实验器材，进行科学探究，有助于落实对学生科学探究素养的培养。其次是实验内容的开放性和实验方法的灵活性。高中物理新课程标准与过去的高中物理教学大纲不同，它没有对实验的具体做法、使用的器材等做出硬性的规定，一些探究活动的结论也不是唯一的。一方面，学生所做的实验未必是高中物理新课程标准所要求的实验，也不必是教材上出现的实验，它可能是学生在探究的过程中发现的新问题，也可能是日常生活中遇到的物理问题；另一方面，高中物理新课程标准倡导利用日常用具做实验，这样就可以因地制宜地进行实验教学，使学生充分开动脑筋，提出不同的实验方法，同时充分观察物理现象发生、发展的全过程，反复品味其中的物理学原理。

（二）核心素养导向的高中物理实验教学环节的原则

1.注重培养学生良好习惯，形成优秀品质

教育学家乌申斯基对习惯问题的研究有着深刻的见解。他对习惯的形成和定义进行了论述，研究了习惯的教育意义问题。他认为，良好的习惯就像是一种有效的道德资本，而不良习惯就像是一笔偿还不清的债务。

良好的习惯有益于一生，不良的习惯会对工作和生活甚至一生都有恶性影响。席英霞老师经过研究认为，学习习惯会直接影响学生的物理学习成绩。

在物理实验教学中，养成良好的习惯对提升学生的核心素养有很重要的意义。拥有好习惯是培养学生严谨的科学态度、形成系统的物理观念、提升自身思维与创新能力的根本前提和保证。比如，实验教学培养学生认真观察的品质，要让学生逐步养成观察意识，教会学生运用恰当的观察方法，养成良好的观察习惯，培养善于观察的能力等。通过观察演示实验，使学生获得具体、明确的物理观念。这是发展物理观念素养的必要基础。

在物理实验过程中，还可以培养学生学会交流合作的素养。学生之间、师生之间合作探究与沟通交流能培养学生积极、乐观的心态。学生学会与人沟通交流，与他人友好相处，采纳他人的不同意见，正确处理与他人的关系，提高自控能力，使自己变得优秀。

科学的品质是在科学探究中培养的，离开了实践和实验，科学就成了无根之树。同样，科学精神的培养必须建立在科学实践的基础之上，如科学精神中的实事求是的态度，坚持真理、不怕挫折、不怕失败的精神在科学实践中才能真正养成。因此，教师应该给学生提供尽可能多的实践和实验的机会，使学生在科学实践中锻炼和体验，培养学生求真务实的品格，让学生在实践中形成科学精神。

2.重视学生物理基本观念的建构

物理观念的建构是发展学生物理核心素养的重要基础。物理观念包含物质、运动、相互作用及能量等相关内容。

爱因斯坦指出："在建立一个物理学理论时，基本观念起最主要的作用，物理书中布满了复杂的数学公式，但是所有的物理学理论都起源于思

维与观念，而不是公式。"高中实验教学不是为了解题，而是为了让学生领悟实验里科学的思维逻辑、严谨的探究过程，从而增强学生的实践意识，养成良好习惯，培养创新能力等。

高中物理实验教学注重让学生领悟科学的思想方法，而体验探究过程、感受物理学的美、增强实践意识、养成良好习惯、培养创新能力等都建立在物理概念的建构过程、物理规律的探索过程中。物理观念体系完善是学生真切感受物理思想方法的前提。如果学生连基本的实验原理都搞不清，就无法理解实验的奥妙，更谈不上发展物理核心素养。高中物理实验中设置了许多体验性的活动，如人教版高中物理必修一第二章第五节有一个"做一做"小实验——"看看你的反应时间"，学生非常感兴趣，原理也很简单。通过反应时间的计算，帮助学生理解了基本公式，完善了知识体系，增强了动手实践的意识，培养了自身的物理核心素养。因此，教师要多创设情境，多设置小实验，这样有利于学生的知识建构，使学生获得更多的物理知识，使学生的物理观念达到较高的标准，这是发展学生物理核心素养的重要基础。

3.发展学生核心素养要着重培养科学思维与创新能力

创新能力的培养已经成为各国教育的主流趋势。创新精神是一个民族进步的灵魂，是国家兴旺发达的动力，提高学生的创新能力是发展学生核心素养的重要方面。在教育过程中，要培养学生具有创新意识，勇于提出自己的独到见解，提出创造性的设计方案，并将设想变成现实。

物理实验教学在培养创新能力上有天然的优势。实验教学培养学生创新能力从调动兴趣入手，从实验内容、方法开始，让学生愿意参与到实验中去，观察实验现象。实验原理的理解、数据处理过程都能培养学生的创新意识和创新能力，探究性实验能使学生的认识由感性提高到理性，由形象的思维提高到抽象的思维，使学生思维得到训练，能培养学生严谨务实的科学态度。

比如，探究性实验、设计性实验都需要自己完成实验过程，这样能充分调动学生实验的主动性，而且能留给学生进行创造性思维和创造性活动的空间。这些实验需要学生综合运用学过的原理和方法去构思设计新方案，这是对学生知识和能力的迁移，能够极大地增强学生的实验技能。例如，教师可以组织学生进行"热气球吊重物比赛"，思考采用什么材料制作热气球、采用什么样的点火方式、整个装置的配重如何设置等。随着研究的深入，参与的学生会不断地遇到挑战，而解决这些问题，学生的综合能力就会有所提升，教师应该为学生提供更多的机会去发挥，让他们提高自身的创新能力。

4. 物理实验教学要关注学生模型构建、问题解决能力的培养

模型构建能力是把生活中的问题用物理知识概括出来。学生学习物理的过程是学习物理模型的构建过程，也是解决物理问题的过程。实验教学要关注学生解决问题能力的培养，在教学设计和教学实施过程中重视情境的创设，让学生多动手实验，这样不仅可以满足学生操作的愿望，更重要的是可以让学生不断体会发现和克服困难、解决问题、获得成功的喜悦，从而提高学习兴趣，增强信心。

物理模型是对物理原型的高度抽象化和概括化，是物理学研究的重要思想方法。问题解决能力的提升能使学生的思维能力有更好的加强，使学生已经具有的直观思维向抽象思维转化，还能够根据已有知识进行推理和论证，使思维能力有很大的进步，而且具有独立性、深刻性和批判性，使学生更加乐于探究，提升学生的核心素养。比如，汽车启动过程抽象为两种模型：匀加速启动和恒定功率启动。这些都是最简单的模型构建的培养。类似的还有质点、理想气体、点电荷等，以及匀加速直线运动、匀速圆周运动、平抛运动等。学生核心素养的重要维度之一就是模型构建能力，培养学生将物理情境通过一定的方法分解为简单问题的能力，使学生知道即使是很复杂的运动也都是由人们熟悉的匀变速直线运动、平抛运动、匀速圆周运动或者是动量守恒过程组合而成的。

二、核心素养导向的高中物理实验教学策略

（一）树立正确的物理实验教学观念

现阶段，虽然教师普遍表示对物理核心素养有了一定的了解，但在进行教学设计时仍未把它列入教学目标当中。也就是说，核心素养的培养还没有真正落到实处。同样，教师对应用物理实验培养学生核心素养的认知

还停留在表面。要想真正将物理实验教学培养学生核心素养落到实处，教师必须先真正了解物理核心素养的内涵，树立正确的以培养学生物理核心素养作为物理实验教学目标的观念。

1. 增强对物理实验的重视程度

在物理实验教学之前，教师对物理实验的重视程度至关重要，因为这不仅决定教师实验的次数，也影响着学生对物理实验的态度和重视程度。物理是一门以实验为基础的学科，物理实验是物理教学的基础与核心，物理概念与规律往往是从实验中得出来的。高中生对物理实验具有较为浓厚的兴趣，并具有强烈的操作欲望，但学生的兴趣点在实验初期可能只是停留在实验对象本身，忽略了对事物本质的认识。这时，教师应多增加演示实验和学生实验的次数，鼓励学生多做实验、多思考。

当学生实验增多了之后，学生便能透过现象看本质，学会通过物理实验来理解物理过程，对实验数据进行正确的信息加工后，总结得出物理概念与规律。此外，学生在实验过程中也会学会发现问题，并积极探索解决问题的方法。教师对物理实验的重视度增强，引导学生多做实验，能帮助学生逐渐形成科学探究的思维，有利于物理核心素养培养在实验教学中的落实。

2. 将物理核心素养作为实验教学目标核心

随着核心素养的提出，物理教学目标不应该只局限于知识与技能、过程与方法、情感态度与价值观三维目标。在实验教学设计过程中，教师应将"物理核心素养"作为教学目标的核心。在实验教学过程中，教师应明确物理基本知识与物理观念的区别，不仅要注重学生的知识学习过程，更应该注重学生物理基本观念的培养。物理核心素养要求学生具备实验探究的意识，了解实验探究的过程，所以教师在教学目标设计中应注重学生问题提出、科学论证、反思交流等要素的培养。此外，教师在教学过程中应将科学思维素养的培养显性化，多联系生活实际，渗透STSE（科学、技术、社会、环境）教学理念，形成以物理核心素养为实验教学目标的实验教学形式。

3. 创设良好的实验条件

当前，高中物理实验教学完成度不高的一个重要原因就是实验条件的缺乏。学生只有在上实验课的时候才会进入物理实验室，其他时间实验室并不对外开放，很多物理实验器材被闲置。如果物理实验室能在课程之外的时间开放，学生可以在课后进行实验，对课上疑惑或感兴趣的问题进行进一步探究，不仅可以培养学生科学探究的能力与意识，还可以大大提高物理实验室资源的利用效率。另外，学校应加大物理实验器材的投入，不断完善物理实验器材。物理实验教学的基础条件是实验设备及器材，若不能满足教学需要，物理演示实验与学生探究实验都很难开展，更谈不上培养学生的物理核心素养。因此，实验器材的更新管理对物理实验教学是至关重要的。

（二）核心素养导向的高中物理演示实验教学策略

物理演示实验是当前物理实验教学中教师采用最多的实验方式，教师可以在课堂上向学生展示一些新奇有趣的物理实验，这样既能激发学生的学习兴趣，也可以很好地帮助学生理解物理知识，培养学生的物理学科素养。

1.直观展现实验现象，构建物理模型

传统的物理教学容易使学生形成思维定式，不适宜学生发散思维的培养。在实践教学中不难发现，学生的科学思维素养整体较为薄弱，学生对物理模型建构和科学思维方法了解不够，而且缺乏科学思维的训练，科学思维素养有待提高。因此，教师在物理教学中需要对科学思维培养加以重视。在实验过程中，教师应尽量将实验现象直观展示给学生，帮助学生建构物理模型。

（1）化抽象概念为直观现象，建立物理模型

在物理学习过程中，一些较为抽象的物理知识是学生理解与掌握的难点。这时，教师可以采用演示实验的方式来帮助学生掌握理解这些难度较大、较为抽象的物理概念，将抽象的物理概念化为直观具体的实验现象，帮助学生建立物理模型，培养学生物理核心素养中的科学思维能力。

例如，在"磁场"这一知识点的教学过程中，由于磁场是看不见、摸不着的，因此很多学生对这一现象处于一个迷茫的状态。因为磁场的特殊性，使得学生在认识磁场方向和大小方面都存在一定的困难。这时，教

师可以通过课堂演示实验的方式帮助学生进行理解与掌握，即找来一根条形磁铁以及若干小磁针，将小磁针分布在条形磁铁的周围，让学生观察小磁针的指向情况，这样就可以很清晰地间接认识磁场方向。如果效果不够明显，也可以用铁屑模拟磁感线，通过磁化后铁屑的分布来观察磁感线的分布。

用小磁针或是铁屑巧妙地将看不见、摸不到的抽象的磁场转化为学生可以看得见的小磁针的指向与铁屑的分布。学生在观察到小磁针的指向后，更容易理解用磁感线来描述磁场，从而建构磁感线物理模型。这种将抽象物理知识与概念化为直观物理现象进行研究的方法培养了学生的科学思维素养。

（2）实验现象联系生活情境，增强模型建构意识

当生活中出现与物理相关联的情境时，教师希望学生能将具体的情境化为相应的物理模型。比如，当看到铅笔从桌面上掉落到地上的过程时，联系到"自由落体""重力加速度"等模型；看到苹果掉落，联想到地心引力；观看投篮动作，想到斜抛的物理模型。当需要应用物理知识解决实际问题时，人们需要有实际情境和物理模型之间相互转化的能力。在物理教学中，教师可以应用实验在学生的头脑中留下直观、形象的物理模型，再通过教师的引导对实验现象进行合理的简化与抽象形成思维轮廓，建构物理模型，培养科学思维。

例如，在"力的分解"实验过程中，教师可以让学生利用自己的手掌、橡皮筋、铅笔、重物来感受"三角支架型"力的分解情况。学生在亲身体验力的作用效果之后，通过简化抽象建构力的分解模型。同时，也可以让学生在学习一种物理模型之后，学会在生活中寻找此类物理模型对应的生活原型，体会物理知识的实用性。

（3）生动创设实验情境，启动学生思维开关

如何启发学生的思维开关，引导学生进行思考与探究是教师在教学过程中需要不断研究和探索的问题。生动有趣的实验情境往往可以激发学生的学习兴趣，增强学生对物理的好奇心和求知欲，启发学生进一步思考，这也是学生进行实验探究和形成科学思维的基础。

例如，在"自感"这一知识点的教学过程中，教师可以选择设计一个

趣味性十足的小实验作为课前的引入。实验器材需要一个 4—6V 的交流电源、一个自感线圈和一个开关。实验过程中，教师要将电源和线圈用导线连接起来，并需要用两个裸体导线引出自感线圈的两端。实验开始前，请一位学生上台来用手握住裸体导线的两端，教师接通电路，在座学生观察到台上的学生因触电全身抖动了一下，从而引起全班学生的关注，激发学生的学习兴趣。接下来，可以请这位学生谈谈感受，也可以再请几位学生上来感受一下。这个看似简单的小实验，不仅激发了学生的学习兴趣，还引出了本节课的核心内容——"自感"。接下来，教师围绕着演示实验提出一系列问题：明明开关断开，为什么学生会感受到被电？高压从何产生？为什么会产生高压？利用演示实验来设置悬念，启动学生的思维开关，培养学生的科学思维素养。

（4）递进设置实验问题，促进科学思维形成

物理核心素养的形成离不开学生思维能力的发展，学生思维能力的培养需要学生积极思考。在自感教学中，教师可以在实验过程中设置一系列问题，让学生以问题为导向展开思考，在解决问题中训练思维，通过问题的解决理解核心概念的内涵。教师在设置实验问题的时候，不仅要注重学生是否具有一定的知识与技能作为基础，还要注意问题的设置不能过于简单，最好问题的难度处于学生的"最近发展区"之中。设置一些创新性、有一定挑战的问题，可以促进学生的思考，训练学生的科学思维能力，培养学生的科学思维素养。

（5）构建师生共同实验模式，培养学生实验探究素养

有部分教师与学生对物理演示实验存在一定的误解，物理演示实验并不是教师演示，学生观看与记录的过程。在物理演示实验教学过程中，教师要重视学生猜想、设计、互动、合作等学习元素，如若将教师看作实验过程的主体，学生只在一旁观察，则会造成学生不经思考，机械记忆大量物理知识的情况，忽略了学生独立思考的能力，也丧失了物理实验教学的真正价值。

人们不难发现，在现如今的高中物理实验教学中，学生真正进行实验探究的机会较少，由于各种原因，很难有大把时间让学生进入实验室进行实验探究。实际上，在课程改革的今天，演示实验的方式也应推陈出新。

教师可以将自己一人演示转化为和学生共同做演示，变教学为导学，化演示实验为师生协同实验，引导鼓励学生亲自动手，体验观察、分析、归纳的过程，教师作为学生中的一员和学生共同探索物理规律。

例如，在探究"摩擦力方向"的教学过程中，教师和学生每人各配备一把毛刷。教师先进行演示，学生随之操作。将手背朝上平放，将毛刷沿手背向前滑动，教师提示学生注意观察毛刷的倾斜方向。再次使毛刷向前缓缓移动，同时使手背贴着毛刷迅速向前滑动，然后请学生仔细观察毛刷的倾斜方向，要求学生描述现象、分析原因、归纳结论。再如，在探究"探的分解"重力沿斜面分解实验中，教师请学生利用直尺、书本搭成直角三角形的形状（或称之为一个斜面），将小车连接橡皮筋放在斜面上，并提醒学生重点观察橡皮筋和斜面的形变情况，之后分析总结结论。以上物理演示实验不仅可由教师展示，也可将展示环节交给学生，让学生亲身体会实验探究的过程，增强学生实验操作能力的同时，让学生具备自我探究的意识，养成勤思考、多动手的好习惯。

2. 创新使用实验器材，培养学生的科学态度与责任素养

实际上，科学态度与责任是情感态度和价值观在三维教学目标中的升华。通过教学的实际情况来看，相比其他三个物理核心素养，学生的科学态度与责任素养情况较好，但科学态度与品质的培养仍需继续作为重点培养的对象。

演示实验效果如何，在很大程度上受实验器材的影响。因此，选择来源简单、精确度高、操作简单的实验器材尤为重要。物理实验器材的创新是物理实验创新的重要部分，教师可通过实验器材的多样化使用，开阔学生视野，让学生体会物理与生活的紧密联系，培养学生的科学态度与责任素养。

（1）实验器材生活化，体现物理与生活紧密相连

"从生活到物理，从物理到社会"是物理课程的基本理念。在人们的日常生活中，有许多小物件可以作为物理实验资源开发出有趣的小实验。使用日常生活必需品做趣味性实验可以提高学生对物理的兴趣，激发学生的好奇心和求知欲。同时，学生可以从生活经验中直接了解物理知识。在实验器材的选择上，提倡学生选择尺子、水果、易拉罐、玻璃瓶等常见物品。

就实验内容而言，教师应该尝试把有关学生日常生活的实验现象安排为研究课题。例如，在学习圆周运动过程中，教师可以安排学生观察自行车旋转部件之间的关系，或者探究时钟、工厂传送带运转等问题。在"超重与失重"的教学片段中，教师可以用生活中常见的冰激凌纸杯与手电筒为实验器材，向学生展现"超重与失重"的实验现象。

①用冰激凌纸杯做失重实验

两个金属螺母被拴在橡皮筋的两端，橡皮筋的中间用短绳固定在冰激凌盒（或铁罐）的底部正中，螺母挂在空盒的边缘上。在实验过程中，让空盒子从大约2米的高度自由落体。教师要求学生观察实验现象以及思考为什么会出现这样的实验现象。在实验过程中，下落过程是失重的，所以螺母会被拉回到冰激凌纸盒里。

②使用手电筒进行超重和失重实验

手电筒竖直向上并打开开关，将手电筒的后盖旋松至小灯泡刚好发光。在实验过程中，手握手电筒，保持竖直方向，突然向上运动，发现小灯泡熄灭。将后盖再旋松些，使小灯泡刚好熄灭，手电筒突然向下运动，小灯泡重新点亮。

（2）使用多媒体技术，拓宽学生视野

DIS（数字系统）的推广为演示实验创造了更大的空间，许多高难度、高精度的实验可以在高中物理课堂上完成，这也是传统实验教学的一大进步。除了DIS数字化仪器的使用外，教师还可以考虑将生活中最常见的智能手机应用到演示实验中。

例如，在"探究平抛运动"一节中，探究平抛运动实验规律时，书中给出的实验方法存在一定的缺陷，即用平抛运动实验演示仪同时释放两小球，让小球分别做平抛运动与自由落体运动，或平抛运动与匀速直线运动，让学生通过听声音的方式判断两小球是否相碰。实际上，学生在视听双方面下体会到的物理实验规律是印象最为深刻的。因此，教师可以选择现代生活中大家最常见的智能手机作为实验器材，从视觉方面探究平抛运动规律。将两个小球从具有一定倾斜角的轨道顶端释放，用苹果手机自带的慢动作拍摄功能拍摄下小球做平抛运动的对比实验并采集到多媒体电脑中，采用逐帧播放的方式，展示不同时刻小球的位置，并记录成横、纵坐标的形式。通过两小球位置的对比，判断小球做平抛运动时水平与竖直方向分别做什么运动。

手机在当代是必不可少的电子产品，在高中生当中，手机的使用也十分普遍。很多家长和教师担心手机影响学生的学习，而许多学生也只当手机是娱乐产品。在这段教学片段中，手机的巧妙应用不仅直观清晰地向学生展示了平抛运动的规律，更是让学生体会电子产品进行合理使用便会成为实验探究的仪器，激发学生的科学思维，开阔学生的视野。

再如，在"电容器与电容"一节当中，学生要在已有静电学知识的基础上，了解电容器与电容的概念。电容是一个较为抽象的物理概念，不像电容器那样是形象具体的事物。过去有一些探究电容器与电容的实验，要么实验过程太复杂，要么实验误差太大，效果不好。因此，教师一般是结合几个类比的小实验直接给出电容的定义式 $C=Q/U$，但这种方式并不利于学生对电容的深化理解，学生对这一抽象概念仍处于浅层了解的状态。借鉴人教版高中物理选修 3-1 "电容器与电容"一节的"做一做"环节利用传感器观察电容器的充电和放电实验，教师可以利用 DIS 数字化实验教学器材设计演示实验，引入电容的概念和定义式。通过 DIS 仪器的定量测量，证实学生的猜想，使学生实现从感性认识到理性认识的跨越。

使用电流传感器测定电流强度相较传统的指针式电流表来说，具有测定电流反应更迅速、可捕捉到瞬时电流、可将采集的数据与计算机相连接、反映电流随时间变化关系等优点。教师可以按照一定的方式将电流传感器连接到电路中并进行实验，将电流传感器捕捉到的瞬时电流随时间的变化通过数据采集器与计算机连接，在电脑屏幕上显示电流与时间的变化关系图像。

（三）核心素养导向的高中物理分组实验教学策略

分组探究实验是物理实验教学中十分重要的实验类型。分组探究实验不仅能够帮助学生理解知识的生成和论证的过程，还能帮助学生掌握物理实验探究过程中所必需的物理基本观念和实验探究能力。除此之外，科学品质和科学态度的培养也可以通过分组探究实验来完成。

1. 亲身体验实验探究过程，形成物理基本观念

记住了物理基本知识并不意味着形成了物理基本概念。学生只有亲身经历物理规律的发现过程，在过程中理解规律探究的思想、方法与观念，才能真正将其转化为物理观念。相较于传统教学，探究式教学改变了学生的学习方式，让学生从被动接受储存知识到主动发现建构知识。学生在探究过程中不是简单地将思维停留在具体的知识表面，而要深入了解体会知识的内涵，深入探究物理知识背后的科学观念和方法，从而形成自己的基本观念。而且，教师引导学生从知识表面升华到知识内涵的过程也是提升学生物理核心素养的过程。

例如，在学习过牛顿运动定律和机械能守恒定律之后，向学生展示一座老式落地摆钟，给钟上好发条，使钟正常工作，让学生观察这座摆钟工作时的现象，请学生提出探究的问题并进行自主探究。

学生在观察过程中会与之前学习过的物理知识相联系，提出要探究的问题，诸如摆钟摆动过程中能量的转化是怎样的，如何能让摆钟长时间摆动，还有摆钟是怎样计时的，进一步探究摆动一次的时间与什么因素有关。一系列问题的提出都需要学生能深刻理解牛顿运动定律与能量转化和守恒定律，通过抽象和简化来建立、理解物理模型——单摆。学生在分析问题中包含哪些物理知识和方法的时候，需要运用到经典的时空观和能量观。学生自主提出问题、选择实验器材以及设计实验步骤进行数据分析，培养了学生科学探究的能力。在探究单摆周期以及能量转化的过程中，学生了解到具有等时性的运动物体便可以用来计时，这就培养了学生的时空观念。另外，学生知道发条在使用时补充摆动过程中机械能损失的部分，能量补偿的方法培养了学生对能量守恒的理解。教师给出一个实验现象，学生在观察分析、提出问题、解决问题的过程中不仅学会应用已知知识解决问题的能力，还形成和深化了时空观和能量守恒观等基本物理观念。

2. 迁移使用实验内容，锻炼学生的思维能力

从现如今的教育质量来看，可以发现学生的科学思维素养亟待加强。不仅物理演示实验可以培养学生的科学思维，在分组实验探究、亲身体验实验、不断思考探究的过程中，也可以培养学生的科学思维素养。对于物理实验，尤其是彼此形不同而质相同的实验，教师可以通过穿针引线的方

式引发学生思考，锻炼其思维能力。

（1）对实验探究思路进行穿针引线

在实验探究过程中，探究思路是探究的灵魂与主线，学生需要明确自己的探究思路，进而一步步地进行探究。高中物理实验中，很多探究实验的探究思路本质相同，探究思路的迁移有助于锻炼学生的科学思维能力。

比如，在探究物体所受向心力大小的决定因素时，在实验探究过程中请学生准备系有细绳的重量不同的两个沙袋，设计实验，探究物体做圆周运动的向心力与哪些因素有关。学生提出可能与物体的质量、角速度、线速度、半径等因素有关。学生在定性探究与这些因素有何关系的时候，将会采用探究多变量问题中常用的控制变量法。同样，在探究影响滑动摩擦力大小的因素中，学生探究滑动摩擦力可能与接触面粗糙程度以及正压力或运动速度等因素有关时也要采用控制变量法，"探究决定物体加速度大小的因素"等所采用的思路一脉相承。教师在此类实验教学过程中，则可以提醒学生参照之前所做实验的思路来探究新的物理规律。对教学思路进行穿针引线，可以很好地提升学生的科学思维，激发学生的思考。

（2）对实验装置的使用进行穿针引线

实验装置的选择与设计在实验操作中是非常重要的一项。探究实验教学中，学生实验装置的选择、创新能力也相当重要。在实验教学中，一种实验装置往往不止探究一个物理规律。物理实验装置的迁移使用可以激发学生的科学思维，培养学生设计选择实验装置的能力。

例如，在探究动能定理时，可将学生之前探究牛顿第二定律的装置进行迁移使用。在探究机械能守恒实验时，教师可以不给学生具体的实验装置，而是提示学生可以选择前面应用过的实验装置或对实验装置进行适当的改进，或者可以给学生提示，让学生在下面两种方案中进行选择。方案一：应用自由落体装置，测量物体自由下落过程中动能与势能的变化，用天平称出重物的质量，用打点计时器打在纸带上的点计算重物下落的速度。方案二：使用小球与弹簧，先测量出弹簧的弹性系数，再用小球将弹簧压缩一段距离记录下压缩的长度，然后释放弹簧使小球做平抛运动，在地面上放上复写纸，根据小球落地处的位置测量小球机械能，最后与弹簧弹性势能相比较，验证机械能守恒定律。两个方案中的装置在之前实验过程中都有遇到过，方案一中的实验装置在初学打点计时器测量当地重力加速度时应用过，方案二中的实验装置则是平抛运动装置的巧妙使用。实验装置的迁移既可以让学生回顾之前的实验，也有助于开发学生的发散性思维，一装置多应用，有助于锻炼学生的思维能力，培养学生的科学思维素养。

（3）对演示实验方法进行穿针引线

物理实验方法帮助学生探求物理实验规律，得出实验结论。同样，物理实验的方法在物理实验过程中也可以一法多用。例如，物体做平抛运动时，教师往往将两个直线分运动等效替代物体所做的真实运动。在教学时，教师可以引导学生思考这种处理方法与"曹冲称象""验证力的平行四边形定则"等是否异曲同工。

放大法也是高中物理实验教学中较为常用的方法。例如，在"观察微小形变"实验中，需要将肉眼难以观察的微小形变进行放大，可设计细管放大或光学放大的实验。在"用单摆测定重力加速度"实验中，若用秒针测定一次全振动的时间误差较大，实验结果不精确，则可以采用测量30—50次全振动的时间 T，从而求出单摆周期。再如，卡文迪许的扭秤实验测定万有引力系数最后转化为光点的移动，库仑静电力扭秤实验都是放大法的实际应用。因此，教师在教学过程中要善于对殊途同归的实验方法进行总结与分析。实验方法的迁移能让学生有效地了解以及应用此种教学方法，还能培养灵活应用科学方法的能力。

3. 鼓励优化实验创新，培养学生的创新思维

创新思维的培养是科学思维素养中需要着重培养的部分。从目前高中阶段学生的实际情况来看，学生在进行实验探究时基本上采用书中的方案或教师给出的方案，极少数学生会自己进行实验创新，提出属于自己的实验方案。书中给出的方案必然是较为符合学生认知特点与操作特点的方案，但书中的实验方案也并非尽善尽美，还有改进与创新的余地。高中生的思维是比较活跃的，他们比较有自己的想法，因此教师在实验教学中应多鼓励学生进行实验创新，看似只是微小的改善，却能极大限度地培养学生的创新思维。实验改善的一小步，能推动创新思维发展的一大步。对此，教师在实验教学过程中要留给学生自主思考创新的空间，逐步增强他们的创新意识，培养他们的创新思维。

　　例如，在探究牛顿第二定律的实验教学中，教师可以让学生在书中实验的基础上进行改进与创新，提出自己的实验方案与思路。书中传统实验的方案为：在探究加速度与力、质量的关系，即牛顿第二定律教学中，实验器材有光滑导轨、打点计时器、小车、砝码、钩码、学生交流电源等，实验采用控制变量法。在实验过程中，装有砝码的小盘牵引小车做匀加速直线运动，将小盘和砝码的总重力视为与使小车做匀加速运动的力相等。因此，增减小盘中的砝码就可以改变小车受到的合力，增减小车中的砝码就可以改变小车的质量。学生可先按照书中的实验方案操作探究加速度与力、质量之间的关系，在学生实验过后，教师可请学生思考书中的实验方案是否十分完善，有哪些弊端。

　　教师总结了学生的实验操作，给出了实验方案的不足之处：这个实验由于实验原理的不完善，存在两个系统误差。要想使小盘和砝码的总重力与使小车做匀加速直线运动的力相等，必须满足小车的质量远大于小盘和砝码的总质量。但在实际操作中，往往会出现不满足这个条件的情况，导致实验结果出现偏差。另外，实验前必须平衡小车所受的摩擦力。根据实际操作经验，平衡摩擦力过程时总会出现过度和不够的情况，使得做出的图像不经过原点。

　　教师进一步鼓励学生能否有其他的实验方案解决这些不足，并且能很好地探究实验规律。学生此前创新思维的训练较少，所以教师可以给予适当的提示。学生给出的方案主要有以下两种：

　　方案一：改变研究对象，将原来探究的对象小车转化为小车和砝码。在保证质量不变，探究加速度与合外力关系的时候，便可以逐渐将小车里的砝码装入小盘中，从而保证两者总质量不变。

　　方案二：化数据测量为数据对比。在传统实验中，实验过后需要对纸带进行计算，计算出加速度的大小，进一步作图探究规律。根据运动学公式 $x=\frac{1}{2}at$ 可知，在相同时间内，位移与加速度成正比，无须去求加速度，加速度和力的关系转化为求位移和力的关系。使用两个相同的小车，满足 m1=m2，在小车前的绳端上分别挂一个钩码和两个钩码，将两个小车拉至同一起点，记录下位置。按下启动按钮，两个小车同时运动，经过一段时间后按下停止按钮，两小车同时停下，满足运动时间相同。之后计算出两小车的位移并进行对比，再根据公式探究出牛顿第二定律。

两个实验方案是在教师的启示下学生讨论得出的。方案一的改进很好地解决了上述实验不足的第一点，实验中不需要保证小车质量远大于小盘和砝码的重量；方案二不仅充分利用传统实验的优势，还解决了传统实验不能直观地说明加速度与合外力对应关系的问题。关于解决摩擦的方式，有的学生也可以提出自己的想法，比如运用气垫导轨和光电门进行实验。

创新思维的培养绝不是一蹴而就的。在实验教学中，教师应多鼓励引导学生提出自己的实验思路和实验方法，敢于对传统的书本上的实验进行改进。学生勇于表达自己想法的过程，不仅可以提高学生的实验设计能力、发散思维能力，还能锻炼学生灵活应用所学知识解决问题的能力。

4.合理编排实验探究，培养学生的实验探究素养

实验探究过程一般包括"提出问题—做出假设—制订计划—设计方案—实施计划—得出结论—表达和交流"。由于实验课时和实验性质等多方面原因，学生不可能在每一个实验探究中都有足够的时间来研究每一个探究要素。此时，教师需要对这些探究实验进行合理的编排，在某些或某一个实验中，重点培养学生的某一点或某几点探究要素。这样，不仅能解决教学课时短缺的现状，还能全面地培养学生的实验探究素养中的各要素。

（1）鼓励学生敢想敢问敢交流

在实验探究要素中，提出问题与交流和合作是较容易的部分。高中生的思维比较活跃，比较喜欢提出一些新奇的想法，所以教师在教学过程中要注重对学生的引导，创造一个自由民主的课堂环境，帮助学生从敢问、敢交流到愿问、愿交流，最后上升到会问、会交流。

在实验探究前，教师需要了解学生的探究心理，帮助学生克服探究前的畏难心理，采取民主的课堂教学方式，鼓励学生敢于提出问题、发表自我见解，并在实验过后敢于和教师、同伴交流，有主动和别人合作交流的意识。在探究过程中，教师要随着探究的深入不断创设一些问题情境。问题情境的创立最好是贴近学生的生活或是学生探究过程观察到的现象和体验，以此来激发学生的好奇心，引导学生提出问题，表达自己的想法，并与他人交流合作。实验探究结束后，教师要及时对学生提出的问题以及与人交流等方面的表现做出评价，并表扬一些学生的积极探究的态度。在课

后，教师也可以为学生提供交流合作的机会，使学生提出问题、交流合作的能力等得到很好的培养。

学生随着探究过程的不断深入，不断提出有深度的问题。在教学过程中，学生与教师之间不断讨论交流这些问题，有助于锻炼学生敢提问题、培养合作交流的意识与能力。

（2）培养学生收集数据、分析论证的能力

教师在培养学生收集数据、分析论证能力的时候，可以适当淡化实验设计，重点关注实验的进行、数据的收集与分析。实验探究前，要求学生了解所要用的实验仪器，了解实验器材的使用规则，对有些实验器材要求必须严格遵循使用规则；要求学生在读取数据和记录的时候务必做到准确、精确。教师可以在学生实验探究时进行巡视，及时指出实验操作、实验步骤和实验记录等方面的错误，锻炼学生数据收集和分析的能力。在此过程中，学生要学会通过实验数据探寻实验规律，进行误差分析。

（3）培养学生猜想假设、设计实验的能力

学生猜想假设与实验设计能力的培养是学生实验探究素养培养中的最高层次。可以说，这部分能力的好坏直接影响学生的实验探究素养。在实验探究过程中，教师要锻炼学生依据已有的知识对问题进行合理猜测以及自主进行实验探究的能力。

在实验探究之前，教师不要先给出实验规律，要引导和鼓励学生进行猜想与假设，给学生留出足够的空间，并且尊重学生的每一种猜想，鼓励学生进行大胆的假设。同时，教师也要教会学生如何进行合理的科学猜想，以免学生的猜想过于天马行空、不切实际。在探究过程中，教师要鼓励学生根据自己的猜想进行实验设计并制订详细的实验计划，给学生尽可能多的机会去进行实验探究，让学生在经历"实验失败—再猜想—再实验"的过程中实现对猜想与假设、实验设计等实验探究要素的培养。

5. 注重关注实验反思，培养学生认真严谨的科学态度

从教学的实际情况来看，多数的高中生具有实事求是的科学态度，拒绝弄虚作假，但部分学生在实验过程中不注重细节，所以教师在教学过程中需要注重学生认真严谨科学态度的培养。在每次学生分组探究实验结束后，教师应该引导学生回顾实验过程，并对实验结果与理论结果相差稍

远的情况进行分析，找出问题原因。学生在此过程中不仅可以更加深刻地理解实验结论，还能对实验过程进行总结与反思。在之后的实验过程中，不仅会尽量排除一些外在因素对实验的影响，还会严格按照实验步骤进行，培养学生认真严谨的科学态度。例如，在探究牛顿第二定律实验前，需要平衡摩擦力，很多学生忘记操作这一重要步骤，导致最后结果与理论结果相差较远。同样，在探究分力与合力之间的关系时，很多学生由于实验操作过程中细线没有平行于木板等原因，导致实验结果差强人意。如果有此类问题存在时，教师要带领学生找出原因，引起学生注意，而不是将实验探究看作一个任务来完成，要让学生了解实验步骤有时会类似蝴蝶效应，某一步的忽视或不认真都会导致最后实验结果的不理想。在实验反思过程中，让学生体会实验过程中要严谨、认真，做好每一个实验步骤，培养学生认真严谨的科学态度。

6. 善用分组实验方式，培养学生与人合作的意识

分组进行实验探究的形式是当今学生实验当中最常见的方式。在进行物理实验教学时，有时由于器材数量等原因，无法做到人手一套实验器材，这时就需要几个人共同进行实验探究。采用分组探究的方式，不仅可以有效提高课堂实验探究效率，还可以培养学生与他人合作交流的意识与能力。一个人的思考范围毕竟很有限，多人之间思想的碰撞往往可以创造出很多好的实验想法，有利于学生发散性思维的培养。在分组实验过程中，需要注意一些问题。首先，人数不能太多，人数过多难免会存在有人"不思考""不动手"的情况。一般情况下，4—6人为一组是较为合适的。其次，注意小组成员分布，要将成绩较好、思维较活跃与成绩较差的学生进行组合，注重学生实验能力的适当搭配。最后，每个小组应选出组长，组内人员应明确自己的位置，而且组长最好轮流担任。

（四）核心素养导向的高中物理课后活动实验策略

1. 重视课后实验，善用实验巩固核心知识

现实情况表明，学生很少进行课后实验，一方面是由于书面作业太多，没有时间进行课后实验，另一方面是由于教师在授课后极少留课后实验这类作业。很多教师认为，只有书面作业才能巩固学生学习的新知。其实不

然，将部分书面作业改为课后实验，将书面知识与动手操作相结合作为学生的家庭作业，能更好地巩固学生所学的知识。这样，既能改变学生觉得书面作业太多、太枯燥丧失学习兴趣的情况，又可以通过布置课后小实验，激发学生的学习兴趣，将所学的概念、规律应用于生活当中，锻炼学生学以致用的能力。

例如，在学生学习过自由落体新课之后，教师可以给学生布置一个小的有趣的课后小实验，让学生测一测自己的反应快慢。这个实验操作起来十分简单，只需要一把长一些的直尺作为实验器材。学生可以在课后时间进行实验操作，需要两个同学相互配合，请其中一个同学用手指捏住直尺的顶端，另一个同学在直尺下方做好要捏直尺的准备，并记下手指在直尺上所处的位置。当看到同学放开直尺时，自己立刻捏住直尺，记录下捏住直尺的手指的位置，计算出直尺降落的高度。学生根据自由落体一节课学习过的物理公式 $h=\frac{1}{2}gt^2$ 计算出自身的反应快慢。这个小实验的设置便是所学知识的实际应用，可以帮助学生巩固所学习的物理知识与公式，深刻理解公式中各字母代表的物理含义，有助于锻炼学生的科学思维并深化学生的物理观念素养。

2. 体验课后实验探究，培养学生的科学思维素养

在课堂实验过程中，教师由于时间关系不能将每一个实验都展示给学生。其实，对于某些实验，教师不必完全展示给学生，很多实验器材操作简单，不是很复杂的实验可以作为课后小作业布置给学生。某些实验的操作蕴含一定的科学思维，学生在操作过程中能很好地体会其中的物理原理，培养自己的科学思维，这比教师只用语言向学生讲述效果要好得多。比如，在"弹力"一节的教学中，为了使学生更好地体会到微小形变的存在，教师可以设计出与之对应的课后实验。由于用手按压桌子，学生很难观察到桌子的形变，或是用手挤压较硬的塑料瓶发现形变也较小，此时需要转换一种科学思维，将微小的形变放大，于是放大法的应用应运而生。在课堂上，教师向学生提供了实验思路，并请学生设计应用放大法的实验，而学生在课后自行准备器材，设计实验方案。课后小实验的实验器材往往比较常见，操作较为简单。学生在教师思路的引导下进行实验操作，体会放大法的应用。之后，学生提出音叉震动用放大法，说明学生对此思维方法已经十分

了解并能进行合理应用。

3. 注重物理与生活紧密联系，渗透 STSE 理念

STSE 教学理念强调科学、技术、社会、环境之间的关系，重视科学技术在社会生产、生活环境和社会发展中的作用，对培养学生的物理核心素养和实施学科教学有一定的指导作用。STSE 教育理念更强调知识的应用与问题解决的能力。课后实验的设置，便是让学生学会将课堂上所学习的东西应用于生活的有效途径。

例如，在圆周运动内容学习过后，教师可以请学生课后观察自己家中的自行车，通过观察与分析，看自行车大齿轮、小齿轮与后轮上的质点、线速度、角速度之间存在什么样的关系，记录下来，在下一堂课中进行小组讨论。

再如，在学习了"重心"这一知识点后，教师请学生回家利用重心的相关知识制作一些具有趣味性与科学性的小作品，并将自己的作品展示出来，然后阐述它的实验原理。实验前，学生需要准备好一个削好的有对称面的土豆块儿、一个作为底座的玻璃杯、两个家中常用的叉子、火柴若干。实验方法：确定土豆的对称面，并将叉子对称斜向下插入土豆中；将火柴插入由土豆和叉子构成的对称轴上，使火柴包含在两个叉子中；调整火柴插入的角度，使土豆可以架到杯子上。此实验的原理为：因为叉子是铁质的，密度比较大，叉子对称斜插在土豆的对称面，可以使土豆和叉子的整个重心在火柴棍上，并通过调整火柴的插入角度来找到重心的位置，最后悬挂在杯壁上。

从生活走向物理，再将物理应用于生活，学生在一个个趣味横生的课后小实验中不仅体会到了物理的魅力，还锻炼了知识的应用与问题解决的能力。教师将 STSE 的理念传达给学生，可以培养学生科学态度与价值观方面的素养。

4. 建立家庭物理实验室，创造物理学习空间

实际上，家庭中有很多生活物品可作为实验器材，可以用来探究小的实验规律。因此，教师可以引导学生建立家庭物理实验室，让学生不仅可以在课堂、实验室进行实验探究，在课后也可以有实验探究的场所，增加学生实验探究的机会，增强学生实验探究的意识。同时，学生要有计划、

有意识地进行家庭物理实验，在实验中要明确观察的目的，记录实验现象，通过分析得出结论。教师可以让学生记录家庭物理实验笔记，定期给学生布置一些操作简单、较为有趣的任务，以此作为学生课后研究的课题，并且定期检查学生的笔记本，也可以选择一些完成较好的学生的笔记本在班级中展示，鼓励督促其他学生积极认真地进行课后物理实验。学生在课后实验过程中，可以应用自己所学的知识解决一些实际的问题，提升学生学以致用的能力，培养学生实验探究的素养以及创造性思维能力。在家庭物理实验室中，教师提倡学生选择安全系数高、较容易操作的课题进行研究。同时，教师还可以联系家长，鼓励家长和学生共同完成物理实验，在家长的监护之下，学生的安全也能更好地得到保障。

第四节　课后作业环节

一、高中物理课后作业的理论研究概述

（一）相关概念界定

1. 作业

"作业"一词古来已有，《管子·轻重丁》中是指所从事的生产工作。西汉司马迁《史记·高祖本纪》、东汉班固《东观汉记·魏霸传》、宋代司马光的《与吴丞相书》中也有"作业"的有关记载。经过历史的沉淀和时代的变迁，如今我们可以将"作业"定义为：依据课程要求设计的，与知识、技能、情感态度与价值观的理解、掌握和塑造相关的，有利于学生潜能充分发挥、充分张扬学生个性的一切学习活动的总和。

2. 课外作业

王焕勋主编的《实用教育大辞典》中解释：作业是学生的学习活动的一种形式，有课堂和课外两种之分。《学记》中关于课后作业的描述：在正常有规律的课堂教学以外，回家休息的时候也必须进行各种学习的训练，

培养自己的学习兴趣，如操弄乐器、歌咏杂曲、谙诵诗文等，这就是"课后作业"的雏形。《学记》里论述"正业"应该伴随"居学"，而"居学"又能很好地巩固"正业"，即课堂作业和课后作业可以相辅相成，这样能帮助教育活动取得良好的效果。课后作业是"学生在学校上课以外的时间独立进行的学习活动"。课后作业存在多种形式，如常规书面型作业、实际活动型作业等。根据以上有关课后作业概念的解释，可以将课后作业定义为：教师和学生根据教学内容共同设计的，要求学生在非学校时间完成的，并能帮助学生理解和巩固相应知识、发展相应技能及塑造良好的情感态度和价值观的任务。

3. 个性化作业

所谓个性化作业，指的是以学生为中心，考虑到学生的个体差异和认知规律，以不同内容和形式激起学生学习热情和探究欲望的一种灵活作业模式。对个性化作业的充分理解及应用，能够帮助高中物理教师进一步整合教学资源，使用有针对性的教学手段，最大限度地发挥教学空间，对学生物理核心素养的发展有很大的帮助。高中物理的个性化作业是在传统大纲下作业的进一步改进，它的形式多种多样、不拘一格。多样的形式代表了学生可以用多样的学习方法来掌握课本知识。

个性化作业尊重学生间的个体差异，从学生的实际生活经验入手安排作业内容，在作业的设计上充分考虑学生的认知规律，让不同的学生完成适合自己的作业内容，拥有适合自己的个性化作业，以此来提高作业的时效性，达到因材施教、增效减负和学以致用的目的，最终实现有针对性地发展学生物理核心素养的目标。

个性化作业是一种新型的作业模式，是在分析了学生的心理特点、学习能力、学习兴趣及认知规律等诸多因素之后，结合学生的实际生活经验而设计出的一类有效的、有针对性的、可行的作业方案。个性化作业的设计以"遵从学生的认知规律""关注学生的个性特点"为指导思想，遵循高中生的培养目标及物理新课程标准的要求，对学生在高中三年各个学年的目标定位、能力递增层次、程度、侧重点进行认真研究，创建在共性的基础之上，是富有个性的作业体系。

个性化作业的设计顾及了学生间的个体差异，囊括了灵活多样的作业形式，提升了作业内容的拓展探究性，是对传统作业的一种有益补充。它的设计与推广可以促进学生在探究的过程中自主学习，同时对物理概念的本质和内涵有更深刻的了解，继而实现对学生物理观念等核心素养的发展。个性化作业更好地体现了作业的师生交流功能，增强了师生间的互动，教师可以通过个性化作业反馈的信息更好地掌握学生的学习情况，学生也能通过教师给出的评价对自身学习状况有一个更好的定位。

在新课程改革的大环境下，高中物理课后作业应该是指学生在课后生活中所体验的，有助于他们在身体、社会、情感、精神、智力等方面健康全面发展的一切相关的经历。个性化作业在激发学生的创新思维、提高学生的核心素养的同时，还能够帮助教师通过每个学生的作业情况准确判断学生对知识的理解掌握程度，以此为依据来进行教学改进，落实新课程改革精神和教学目标。

（二）核心素养导向的高中物理课后作业的功能扩展与延伸

1. 课后作业的基本功能

在教学实践中，教师可以充分地发现作业的作用是巨大的，即使是传统的书面作业，作为课堂教学的延伸和补充，对于知识技能的巩固也起到了显而易见的作用。一部分优秀教师能通过对作业形式、数量、管理方法等的调控，显著提高学生的考试成绩。当然，作业的作用远大于此，它是多元的，是课程的组成部分之一，也就意味着有效的作业教学对于实现教学的课程目标、教育目的有着巨大的意义。因此，研究作业教学的一整套的有效的教学策略很具有现实意义。

2. 核心素养导向的高中物理课后作业的功能拓展与延伸

首先是课后作业内容上的拓展。它从生活走向科学，从科学走向社会，并且在 STSE 环境的开放体系中学习。

其次是课后作业方式上的拓展。它改变了传统单一、被动、以接受为主的学习方式，强调学习情境的创设，以及学习过程中的亲身体验，还有学生合作交流的探究式学习。

最后是课后作业在情感领域的拓展。这就要求教师激发学生的求知欲，培养学生终身学习的探索精神，发展学生个性的兴趣培养，形成尊重事实、探索真理的科学态度，使学生养成良好的思维习惯，最终形成敢于质疑、勇于创新的学习品质。

（三）核心素养导向的高中物理课后作业设计原则

在新课程改革提出了核心素养的教学目标后，何家国老师指出："教师布置作业应遵循形式多样、因人制宜、分量适当、符合大纲的原则。"刘彦江老师指出："教师布置作业要有创新，要明确目标、富于创新、注意层次、强化巩固、注重实效、讲究趣味。"孟娟老师指出："作业量要有弹性，体现学生自主性，作业内容要有多样性和开放性，作业形式要多样化，体现探究性，作业评价管理要公开化，体现交往性。"

在前面的基础之上，对多种先进的教育观念进行整合，并且认为设计作业应遵循以下原则。

第一，内容设计要与形式相统一。内容是作业形式设计的基础和依据，形式是内容的"外衣"，是为内容服务的。比如，在高中物理教学实践中，特别注重学生逻辑推理能力的培养，很多知识点学生不仅要知其然，还要知其所以然。这就要求教师创设合理的物理情境，通过恰当的问题引导，设置具体的可操作的合作学习任务，合理开展自主、互助、展示等形式的学习任务（作业）探究过程，并且充分发挥团队力量，培养学生良好的合作精神和团队意识。这样内容与形式的统一就能达到事半功倍的效果，并且有助于学生科学思维、科学态度与责任等核心素养的发展。

第二，作业设计以基本的三维目标为基础。首先，核心素养导向的课后作业的设计要符合最基本的知识与能力目标，达到掌握基本知识、基本技能，养成科学的思维方法的目标。在此基础上，作业的设计还要符合过程与方法目标。学习（完成作业）是一个感知、积累和理解的过程，要注重探究式学习、合作学习，并且要与实践结合。作业的设计要有问题情境，鼓励学生敢于质疑、勤于思考、学会观察。作业的设置要使学生能通过理论联系实践，运用逻辑推理、比较分类、归纳概括等方法，对信息进行加工处理，在完成作业的过程中学会学习。并且，作业的设计要符合情感态度与价值观目标，发展学生学习的兴趣，使学生乐于探究自然科学的奥妙，增强对国家和民族的责任感与使命感。在完成学习任务的过程中，要建立正确的科学观、人生观、世界观，同时健全人格、发展个性、积极人生、坚强意志、学会合作、崇尚科学。在这些基本目标达成的基础上，教师才可以去实现发展学生物理核心素养的目的。

第三，作业设计的目标要与教学效果相一致。根据学生的学习需要和实际学习水平或者实际物理核心素养水平来设计作业，如可以采用分层作业的办法，使学生经过努力完成作业后，能达到较好的学习效果，体现出题目设计的出发点和本意，高效地完成教学目标。作业设计要注重探究学习的发现过程，重在培养学生的逻辑推理能力，并且花费最少的时间和精力来获得最佳的作业效果，达到高效作业、有效学习的目的。好的作业设计能帮助学生厘清知识的脉络，掌握知识的系统性，培养学生运用知识去分析、解决实际问题的能力，使核心素养的教学目标得以高效实现。

（四）核心素养导向的高中物理课后作业理论基础

1. "最近发展区" 理论

"最近发展区" 理论的核心观点是指学生或儿童在学习过程中，现有的实际发展水平和通过指导学习所能达到的潜在发展水平之间的差距。在学习实践中，学生 "最近发展区" 往往处在不断变化的动态之中，这是一个需要经过接收、理解并且内化进而达到实践运用的过程。

根据 "最近发展区" 理论，教师在教学过程中需要准确把握好 "最近发展区"。低于 "最近发展区" 的教学往往会使学生失去学习兴趣，难以激发学习欲望，而高于 "最近发展区" 的课后作业又会超过学生的接受能力，使学生的畏难情绪加重，难以树立学习自信心。所以，只有适合学生 "最近发展区" 的教学才是优质高效的。基于 "最近发展区" 理论，高中物理课后作业的设计应该强调让学生根据自身水平有选择地完成课后作业，以促进自身的提高。高中物理教师需要设计的作业应该考虑与学生个性化的知识水平和学习能力相适应，要求作业层次分明、难度有别，适度超出学生实际的发展水平，在一定的引导下充分挖掘学生的潜能，以实现学生潜在发展水平的开发和拓展。

2. 建构主义理论

建构主义学习理论认为，学习的目的在于主动建构知识，即通过个体与环境之间进行双向作用相互影响，在原有知识经验的基础上内化、建构新知识。在传统学习模式中，学生在教师的灌输下被动地接受课本知识，而建构主义理论指导下的学习模式与之不同，其倡导学生作为主体，而教师处于指导辅助的地位，通过情境、协作、自主学习和意义建构，在双向互动的教学氛围中，实现学生综合运用能力的提高。

根据建构主义理论，教师在进行课堂活动的设计时，需要充分考虑并在教学中重点关注学生新旧知识经验之间的相互影响，在师生互动、生生合作等协作学习中，使原有知识经验得以改造，从而掌握解决问题的方式方法。学生在完成课后作业的过程中不断进行着知识的构建，因此需要合理地设计高中物理课后作业，这样才能体现学习者在学习过程中自主参与的主体性、乐于交流的社会性、主动探索的情境性。基于建构主义理论，高中物理课后作业设计的要求是设计不同形式的课后作业，使学生能够根据兴趣，从多种角度构建物理学科知识；设计非固定化的作业评价机制，允许多样化答案的存在，调动学生的积极性；设计多元化的作业完成方式，强调师生平等以及学生间的互助合作，在知识与实践相结合的情境中提高学生解决实际问题的能力。

3. 多元智能理论

多元智能理论认为，人的智能涵盖三个类别，它们呈现出多元的存在方式而又彼此独立，如表 4-1 所示。

表4-1　多元智能归类

与物有关	视觉—空间智能
	逻辑—数学智能
	肢体—动觉智能
	自然观察智能
与物无关	言语—语言智能
	音乐智能
与人有关	人际关系智能
	内省智能

每个人各种智能的发展程度并不均衡，不同的个体表现为智能上的差异。但是，各种智能的发展程度不是一成不变的，只要给予合适的环境，并加以正确的引导，各种智能在一定程度上都可以得到开发，并能在最大

程度上获得发展。现行的课程标准提出，教学活动必须面向全体学生，促进学生多方位的发展，多元智能理论恰好为这一目标的实现提供了理论支撑。它要求教师要具有积极乐观的教学观，正确认知学生的差异和个性，以不同方式进行合理化的教育，要让每位学生都能够在快乐中学习。

高中物理课后作业设计的要求是类型要多样，以适应不同类型的学生，尽可能地开发学生的各种智能；难易有别、内容各异、形式多样，充分考虑学生的智能发展和不同学生的个性差异；发挥不同学生的特长，鼓励学生参与多样化作业的自主设计，激发学生的兴趣，发展优势智能。

4. 教育目标分类

布鲁姆阐述了教育目标的概念和范畴，将其分成了三个方面，即认知、情感和动作技能。对于认知目标，布鲁姆将其分为知识、领会、运用、分析、综合、评价六个类别。克拉斯沃尔和辛普森等人又分别对情感目标和动作技能目标进行了分解。

根据布鲁姆的教育目标分类理论，新课程改革提出的核心素养培养目标在学生的整个学习过程中都有至关重要的作用和价值。拥有基本的物理观念，能够帮助学生更好地面对生活中常见的基本物理现象，并引起学生对相关现象的思考，从而实现对学生科学思维的锻炼，同时使学生在思考的过程中不由自主地展开科学探究，在获得成果之后，会自然而然地产生成就感、责任感，进而形成良好的科学态度与责任。基于这四个理论来设计高中物理课后作业，既有理论依据作为支撑，又具有实践层面上的可行性，在作业的内容、形式及实施等方面进行合理分类和搭配，对全面提高学生的综合素质具有重要的意义。

（五）国内外关于课后作业的研究现状

1. 国内有关课后作业教学的研究

最近几年来，在新的基础教育课程改革的背景之下，涌现了越来越多的关于课后作业研究以及作业教学的研究和专著。

第一，作业的设计与批改作业的设计。研究多是结合具体学科进行的。特级教师于漪提出："课后作业的设计不能只为新课结束以后的作业和课外的作业。"她认为，在教学全过程中，都要在适当的教学环节里，安排培养学生能力的训练。设计课后作业时，要突出重点，落实教学目标，要具有启发性和创造性，要形式多样，开发学生智力，要分量恰当，避免过重负担，要具有弹性，使各个层次的学生都得到提高，要着眼于素质教育，而不是为了应试教育。钟世文老师在《创新课外作业新路》中提出："让学生自编习题，还给学生作业的自主权，让学生自择练习，还给学生作业的弹性权，老师不定时收交作业，还给学生作业的时空权。"钟世文老师还认为，要更新作业形式，提高新意，吸引学生，使学生真正成为学习的主人。李吉波提出"定量·分层·合作"的观点，石鹏、辛晓明提出合作性作业设想。朱芳、舒萍在教学实践中实验了一种新的作业模式——综合作业。她们从学科基础内容出发，结合生活实践，整体提高学生的多学科综合知识、能力和情感。王艳老师提出："要因材施教，作业要突出针对性，不能只是单一的书面作业，作业形式应该丰富多彩，并且一定要照顾到学生的兴趣。"而传统的作业批改方式给教师造成了相对较大的负担。吕星宇指出："过多的作业批改使教师不能把主要精力放在钻研教材和学生上，造成了恶性循环，而且使得学生和批改作业过程完全分离，导致作业教学功能的缺失，因此应改革传统作业批改方式。"吴文刚认为，作业的批改要由被动走向主动地参与，作业评价不能只是关注作业结果，而应转向对学生发展的关注，这些都值得人们深思。

第二，作业的批阅和评价。柏跃富老师实验了分层布置作业的办法，即根据学生的不同层次，安排不同的作业并及时反馈评价。王术怀老师认为，布置作业要明确目的、精选内容，且难易适中、分量恰当、明确要求、给出指导，并且课内和课外作业必须有机结合。孙卫胜、朱建伟为有效发挥作业的评价功能，提出批改的主体要从一元走向多元，采用学生自批、互批和教师与家长批改结合的方式，调动多方主体的参与。越来越多的学者提出，批改的视角应从一维走向多维，由只关注学习结果转向更重视过程，强调关注学生学习方法、情感态度与价值观，也让教师从繁重的作业批改中解放出来，进行高效益的批改。华东师范大学熊川武教授提出了零作业批改，即把教师用于批阅作业的时间转移到研究学生作业中出现的问题并加强个别指导上。边玉芳、蒋芸老师实验了作业展示性评价等。通过以上研究可以看出，在新课程改革背景下，国内对作业的研究越来越受重视，许多研究者和一线教师从作业的设计内容、形式、批改、评价等方面提出了改革策略。

2. 国外有关课后作业教学的研究

在国外，课后作业的研究是教育研究中非常活跃的一个领域。有关的作业研究主要包括作业量与学习成绩的相关性研究、作业时间与学习成绩的相关性研究等。

第一，作业时间与学习成绩的相关性研究。教师和父母基本上都认为，家庭作业时间与学业成绩明显相关。2000年，莱恩对学生的阅读及科学学科进行了检验，要求学生如实报告每周家庭作业的时间。结果发现，测验的分数与家庭作业的时间是正相关的，并且其中女生的成绩与家庭作业时间长短的相关性是明显高于男生的。2002年，佩兹德克、贝里和雷诺也发现，学生数学成绩与家庭作业的时间也是显著相关的。2001年，库珀和瓦伦丁发现，50项相关研究中有43项显示作业时间与学习成绩是正相关的，这也支持了教师和家长的结论，家庭作业时间更多的学生一般有更高的考试成绩。库珀和瓦伦丁的研究还发现，高中生的家庭作业与成绩的相关度比初中生高，初中生的家庭作业与成绩的相关度比小学生高。各种实验研究几乎都发现家庭作业的时间与学习成绩正相关，但也发现，在家庭作业时间超过某一限度后，相关性不明显。也就是说，作业时间在合理范畴内是有益无害的，但超过某一限度后，作业对学习成绩的提高效率明显降低。

第二，学生作业量与学习成绩的相关性研究。还有实验发现，家庭作业量与学业成绩的关系是正相关、曲线相关、微弱负相关和没有任何关系这四种结果。研究发现，这些差异与学生年龄、家庭作业的形式都有关系。研究者认为，适量的家庭作业对提高成绩帮助很大，但过量的家庭作业会产生消极影响，会导致学生疲劳，增加学习压力，产生负面影响。然而，家庭作业的最佳量也比较难以把握，它与学生特点和科目特点有关，因为学生特点和科目特点的不同而存在明显差异。

二、对核心素养导向的高中物理课后作业的建议

（一）对核心素养导向的高中物理课后作业设计的建议

1. 课后作业要具有针对性，明确课后作业的目的

教师在给学生设计课后作业之前要明确目的，使设计的课后作业具有针对性。这是教师在给学生布置课后作业之前就应该告知学生的，这样他们就不会感到盲目，还会对课后作业产生浓厚的兴趣。例如，对于摩擦力的知识，教师给学生设计课后作业的目的如下：第一，知道摩擦力产生的条件，会判断摩擦力的方向；第二，理解最大静摩擦力的概念，并能应用它解释生活中的问题；第三，能区分滑动摩擦力和静摩擦力。

2. 要设计多种形式的课后作业，全面培养学生的能力

在高中物理课后作业中，教师应设置多种类型的课后作业，让学生从多角度完成学习任务，这样可以满足不同学生的需求，并且使学生的各种能力都得到有效的提升。单一的书面课后作业只会让学生感觉厌烦，增加学生的课业负担，而设置多样化的物理课后作业，会给学生强烈的视觉冲击，激发学生的兴趣，进而促进学生各种物理核心素养的提升。

例如，教师可以给学生布置预习型的作业，而且每次预习型的课后作业都有明确的要求和适时的检查，力保每个学生预习到位。这样做的好处有两个：首先，可以帮助学习有困难的学生扫除学习新课的很多障碍，帮助他们提高听课的针对性，帮助他们提高课堂学习效率；其次，可以鼓励优秀的学生超前自学，使这些学生能够脱颖而出。另外，教师也可以给学生布置复习总结式的课后作业。学生每学完一章或紧密相关的几章，教师可以引导学生进行自我复习总结，制作出全章的知识结构图表。这样的复习总结可以让学生对所学的知识有一个整体认识。此外，教师还可以给学生布置研究型课后作业。布置研究型课后作业是进行探究性学习的有效途径之一。不过，研究型课后作业要尽量与常规教学联系起来。此类型的课后作业能更好地开阔学生的视野，并且注重对学生发散思维的培养。这类课后作业可以让学生在周末进行，以小组的形式开展，确保每个学生都参与到研究中来。这样，既促进了学生之间的交流，也让他们体会到了合作

的重要性，并且使每个人的潜能都得到很好的发挥。最后，教师还应该给学生布置实验型的课后作业，锻炼学生的动手能力等。

3.要分层设计物理课后作业，关注每个学生的发展

每个学生都是不同的个体，他们之间都存在着差异。有些学生的学习能力较强，有些学生的学习能力则相对薄弱，还有一部分学生缺乏学习的主动性及能动性。因此，这就要求教师在布置物理课后作业时要分析本班学生的具体学情，因材施教，设计一些层次性较强的课后作业，力求照顾到不同学习层次的学生。课后作业的难度以中等学生水平为准，难度要适中，要有明显的梯度性及明确的目的和针对性。布置的课后作业可以分成必做题和选做题，以适应不同学生的要求，使每个学生都能得到发展。

例如，教师可以设计基础训练型课后作业，这种类型的课后作业能使学生打好基础。该类型作业题可在刚刚学完新知识后进行设计。这类题型比较简单，对于学生来讲不是特别难。在做题的过程中，也会使学生产生成就感。另外，教师还可以设计举一反三能力拓展型课后作业。这种类型的课后作业能够巩固和深化学生学习的知识。此类型明显比基础型课后作业难一些，它是基础题型的深化。这类题可在章节复习或者考试前期给学生布置，学生既预习了知识点，又把各个知识点连接起来，加以综合运用。由于对不同层次的学生提出了不同的作业要求，不仅激起了学生的好胜心，还激起了学生学习物理的自主性，提高了他们学习物理的热情。

4.设计课后作业的难度和数量要合理，要符合学生的实际水平

教师在布置课后作业时，要注意课后作业的难易程度。如果课后作业内容过难，学生无法独立完成，时间长了，就可能使学生养成抄袭、应付、不交作业的习惯，这样就没有办法培养学生学习的主动性和积极性。如果课后作业内容过于简单，学生能轻而易举地完成，时间长了，学生可能会产生骄傲的心理，也难以挖掘优秀学生的内在潜力。因此，教师在设计课后作业的过程中，应根据物理学科的特点和学生的知识水平布置课后作业，或者编写不同的基础题、提高题和拓展题，或者通过课后作业数量分层、课后作业完成时间分层、课后作业题型分层以及课后作业批改评价分层进行设计。这样对学习有困难的学生来说，及时肯定了他们的点滴进步，使他们体会到了成功；对于学习优秀的学生来说，促使他们更加严谨、谦虚，

不断超越自己。同时，教师在布置课后作业时，也要注意作业数量的合理性，避免课后作业的机械重复，同一类型的题目不宜过多，否则会加重学生的负担，不利于学生的成长。

5. 设计能够培养学生反思习惯的课后作业

教师应该布置能够培养学生反思习惯的课后作业，并且指导学生重视反思、学会反思。通过反思在课后作业中出现的问题，获得知识的深化，这对学生以后的发展也是非常有帮助的。例如，学生每学完一章或紧密相关的几章内容之后，教师可以给学生布置自我复习总结型的作业，让学生制作出全章的知识结构图表。在此基础上，教师要选择适当的时机，引导学生从以下方面进行反思：学习方法、学习习惯、学习状态、学习效果、思维习惯、时间利用率等。通过这样的反思，让学生自己找出学习中存在的问题和不足，从而改进不足，进而提高自己的学习效率，达到学会学习、学会思考的目的，有助于学生科学思维等核心素养的发展。

（二）高中物理课后作业的批改

1. 教师批改课后作业的方式要多样，适当地让学生参与其中

教师在对学生的高中物理课后作业进行批改时要注重发展性的原则，在批改课后作业时要向学生反馈丰富的信息，使高中物理课后作业的批改真正成为师生交流的舞台。而且，对于学生课后作业的批改，教师要注意评价方式的改变，采用多种评价方法，使自己得到解放。这符合人本主义学习理论中提到的以学生为主体的思想，让学生成为课后作业真正的主人，而且可以扩大学生发展的舞台，培养学生的社会责任感。目前，许多教师一直习惯于使用对错符号来批改学生的课后作业。虽然这种方法能够快速地检查出学生作业的完成结果，但是会对学生的自信心造成影响。学习成绩差的学生会觉得作业总是做错，从而不爱学习，讨厌物理，影响学生的发展。所以，这样批改课后作业的方式是不合理的，对学生物理核心素养的整体发展会造成极为不利的影响，限制学生的进步与发展。

在教学过程中，课后作业的批改多数情况只是教师单方面的互动，缺少学生自己的想法，所以教师应该适当采用反馈栏批改形式。在反馈栏中，学生可以写自己的感想，做到教师与学生双方面的交流，让教师更多地了

解学生的需要。在反馈栏中，学生既可以写对物理课后作业的想法，也可以写其他方面的内容。可以说，这个反馈栏是学生自己的舞台。

2.教师评价学生的课后作业要做到及时认真，切忌拖延

教师在批改学生的课后作业时要认真及时。教师及时批改学生的课后作业能够督促学生按时完成作业，检测学生对知识的掌握情况，也能发现教学中存在的问题，进一步提高自己的教学水平。可以说，教师及时认真地批改学生的课后作业对于学生和教师都是有益处的，需要教师高度重视。在传统的作业评价形式中，由于教师教学任务严重，所以不能够细致地为学生批改作业，而采用符号评价形式则可以有效地解决这一问题。每一种符号都代替了一种评语，事先教师要让每个学生都了解各个符号的含义。采用这样的评价形式，既保护了学生的自信心，又节省了教师的时间，是一种非常有效的批改方法。在课后作业的批改过程中，教师不要用一个错号否定学生的作业成果，而要给予他们肯定，这样学生才有做作业的信心，提高学习的积极性，并且有针对性地发现自己的错误，进而改正错误。高中物理课后作业是日常教学中重要的环节，课后作业能够检验学生的学习水平、教师的教学效果，同时是师生之间相互交流的平台。因此，教师要注重课后作业的设置和批改，切实提高物理课后作业的有效性，促进学生的物理核心素养水平能够得到健康而全面的发展。

三、核心素养导向的高中物理课后作业的设计原则

用核心素养来梳理高中物理培养目标，可以矫正过去存在的重知识、轻能力、忽略情感态度和价值观的教育偏失。在核心素养的培养过程中，一定要尊重学生的身心发展规律。从终身发展的角度来看，核心素养的形成和发展不仅具有连续性，而且具有阶段性。高中生所处的年龄阶段具有好奇心强、思维活跃、善于思考抽象问题的个性特点，而且他们乐于参与各种探究活动，在自己感兴趣的事物上维持较长时间的注意力，能比较理智地思考问题。个性化作业的设计以培养目标为导向，依据教育教学理论，立足于学生的认知规律和个性特征。虽然个性化作业的层次性、灵活性、实践探究性使它具有一定的存在价值，但传统作业本身具有的优势也不容

忽视，个性化作业不能完全取代传统作业的地位，只能作为传统作业的有益补充。将个性化作业巧妙地融入传统作业形式中去，通过这种既重视学生对知识的掌握又兼顾培养学生知识运用能力的作业，能使作业更好地发挥教学辅助功能。因此，要设计出合理有效的个性化作业，并将它作为传统作业的一种补充，点点滴滴渗透到日常教学中，在保证学生课后学习效率的情况下，真正做到关注学生个体差异、遵循学生认知规律、重视学以致用，落实新课程改革提出的物理核心素养的培养目标。

（一）核心素养导向的高中物理个性化课后作业的设计原则

1. 重视差异的原则

差异存在的客观性是大家都认同的，学生之间的差异主要体现在智力差异、兴趣差异、气质差异、性格差异和学习风格差异等诸多方面。学生间的自身差异影响和制约着他们的学习效果，这就是为什么同一个教师教的学生有些学得快、学得好，有些则学得慢、学得差。学生个体间的差异有些表现得十分明显、易于分辨，而有些则比较复杂、难以处理，因此需要教师格外注意，通过采取适当的方法来巧妙分析、灵活处理。教师需要明确每个学生由于智力水平和个性特征存在差异，对同一问题的理解程度必定不同，而且每个学生都有自己擅长和不擅长的方面。因此，个性化作业尤其要注重学生间的个体差异，教师应设计出内容富有层次、能够满足不同学生需求的个性化作业。

2. 激发兴趣的原则

从教育心理学的角度来说，兴趣是可以推动人们求知的一种内在力量。一旦学习成功激起了学生的兴趣，他们就会在学习上投入更多的精力，认真地去钻研，使学习成效显著提升。兴趣对活动的持久性有着直接影响，尤其是高中生这一群体，强烈的好奇心和求知欲致使他们积极主动、热情满满，而对一项事物的兴趣则会直接影响他们的行动热情。因此，在个性化作业的设计原则中，趣味性是尤其重要的一点。在作业内容的设计上，注意避免枯燥乏味的堆积习题，多设置些灵活巧妙且与学生实际生活息息相关的作业内容，使学生体会到物理学习并不只是一种死盯书本的活动，在日常的生活中同样能了解、学习和掌握很多物理知识，让学生对物理作业的心态从"要我完成"转变为"我想完成"，使学生变被动为主动，成为学习的主人。

3. 合作实践的原则

通过布置合作实践类的个性化作业，增强学生之间的合作交流，使学生真正认识到物理源于生活实践，也应回归到生活实践中，物理作业不能脱离实际的生产、生活而存在，让学生在实践体验中感受物理、在物理学习中思考实践应用，走出枯燥无味、漫无边际的题海，让学生以小组合作的形式通过实践类作业去观察生活、体验生活，让每个学生都参与到动手实践的过程中去，在掌握知识、提升能力的同时，增强相互间的合作交流以及情感沟通。

4. 拓展探究的原则

当今社会对探究型人才的需求与日俱增，学校作为未来社会建设者的摇篮，应该为社会提供多样化、个性化的人才。传统作业僵化了学生的思维，大家普遍认为作业就是一种任务，完成它是自己的职责，而没完成就要受到惩罚。其实，作业的目的应该是帮助学生掌握知识、提升能力，作业不该是教师束缚学生思想的枷锁。所以，个性化作业在设计上要以提高学生的科学素养、开拓学生的创新思维、培养学生的学习能力为主要目标，由封闭型转向开放型，不再以死板的作业形式限制学生思维的自由发散，重视作业内容的拓展，增强作业的探究性，让学生自发地去思考和探索，真正参与到作业的探究过程中去。

（二）关注学生的个体差异，实现作业内容分层的个性化

学生间的个体差异主要表现在性别差异、认知能力差异、学习态度差异和智力因素差异等方面。教师需要以多元智能理论及人本主义理论为指导思想，针对差异，为学生设计具有层次的个性化作业内容，以满足学生的自我效能感。

传统作业的特点是教师对全班学生提出统一的作业要求，让学生在课后完成同样数目和同等难度的作业。这种统一的作业形式与学生间的个体差异以及认知规律产生了冲突，导致出现"后进生吃不了，优等生吃不饱"的现象，阻碍了不同层次学生的发展。所以，分层作业的特点是它与传统

的统一要求的作业是不同的，是针对不同学生对同一知识点的理解和掌握程度不同的这一特点，将作业内容进行个性化分层，让不同层次的学生可以根据自己的需求选择不同类型的作业。它将作业内容分为以下四类：第一，基础题型，帮助学生巩固所学的知识点；第二，简单应用题型，使学生能用所学知识点解决较简单的问题；第三，综合题型，使学生能运用所学知识解决综合性较强的问题；第四，应用题型，使学生能运用所学知识解释、解决生产、生活、现代科技中的实际问题。

该作业形式能让学生通过自己的实际情况自由地选择对应层次的作业内容。对于基础知识扎实、综合运用知识能力比较强的学生，可以直接从第三层次开始完成作业；对于基础知识比较扎实的学生，可以从第二层次开始完成作业；对于基础较差的学生，应该从第一层次开始完成作业，上不封顶。

这种作业形式可以使部分有余力的学生有更多的时间去攻坚克难、发掘潜能、超越自我，使有困难的学生在根据自己情况完成任务的同时，还能清楚地认识到自身的不足，促使其不断改善学习习惯和学习方法，立足基础，争取进步。

（三）遵循学生的认知规律，实现作业形式的个性化

高中物理的学习过程是学生科学认知的建立过程，教学过程是教师指导学生构建科学认知的过程，所以教师应充分了解学生的个性，尊重学生的认知规律，设计灵活的作业形式，从多种途径引导学生自主探究，适时引发学生的认知冲突，帮助学生实现感性认识到理性认识的转化，体现循序渐进、螺旋式上升的哲学理念，从而建立稳固的科学认知。新课程改革主张，教学过程要向学生为主体的方向转化，个性化作业要在形式上寻求创新，教师需要以建构主义理论及"最近发展区"理论为指导思想，根据学生的个体差异设计个性化作业，增加作业内容的趣味性，使学生自主发挥学习潜能，更好地理解、消化、应用所学知识。

1. 个性化课前预习型作业

预习型作业是在讲授新课之前，由教师布置的帮助学生更好地学习新授课内容而设定的作业。

传统预习型作业多流于形式，侧重于提前浏览、阅读将要学习的新知识和填写预习任务表，作业内容简单、枯燥、乏味，难以引起多数学生的重视，达不到良好的预习效果。个性化预习作业的设计亮点在于适应学生的认知规律和个性特点，作业的设计不再局限于课本，而是从学生已有的生活实践经验入手，激发每个学生预习的主动性和积极性。

这种个性化预习作业的设计从学生感兴趣、伸手可及的用品出发，亲自试验，亲身体验实验过程，观察实验现象，引发认知冲突，以问题的形式层层递进，能够逐步加深学生对教学内容的理解和掌握，从而提高学生的物理学习水平，深化学生的物理核心素养。

2. 个性化章末总结型作业

以往的章末复习总结是由教师先归纳汇总知识点、讲解部分典型例题后，再统一留给学生一定量的纸笔习题型作业，在整个过程中，学生基本处于被动地位，这样不利于他们自主思维能力的提高和物理核心素养水平的提升。个性化章末总结型作业的设计亮点在于让学生自行构建绘制出本章的基础知识网络结构图，清楚本章的重难点及各知识点之间的联系，明确如何将本章节所学知识用于实践中。教师在学生讨论的过程中要适时地对学生进行提问、启发与引导，进而帮助学生彻底解决疑难点，使学生能在头脑中构建出准确、稳固的科学认知，顺利运用所学知识解释生活现象、解决实际问题，让学生的物理核心素养能够得到内在与外在的双重发展。

（四）重视学以致用，实现作业实践拓展探究的个性化

在新课程改革理念的影响下，高中物理教学方式和学生学习方式都发生了巨大变化，但在应试教育的压力下，教师和学生仍以考试成绩作为衡量学习效果的标准。高中物理作业是为巩固课堂知识所设计，作业类型多为纸笔型作业，且存在题量大、相近题型重复出现的问题，在作业中缺少激发起学生深入探究潜能的因素，多数学生将完成作业当成自己应尽的学生本分，不能有效地将所学知识应用到生产、生活及现代科技之中。针对学生的个性特点，依据培养目标及教育教学理论，在高中物理作业设计中注入学以致用理念，以问题的解决和应用为导向，以能调动自主思维、发掘学生内在探究潜能为出发点，设计出学生感兴趣的、引发学生探究欲望

的个性化拓展探究类作业，促进学生科学探究素养的全面发展。

1. 个性化习题拓展探究型作业

虽然高中生的感性和理性思维发展迅速，但对具体问题的分析、整合、应用能力还处于需要完善的阶段，其个性特点是对比较形象、感兴趣的、力所能及的事件进行较长时间的思考和探讨，对比较抽象的、繁杂拖沓的事件则难以引起兴趣和对其进行深入的探究。在高中，常常会听到学生说上课听得懂，遇到作业难题就不会，还有学生一看题干很长就不想做了。这反映出学生在学习中不易克服自身不良学习习惯和错误认知的特点，因此需要教师通过相应的教学策略改进，使学生消除不良的心理暗示，养成积极、阳光的物理学习观，而个性化实践拓展探究型作业可以作为一种方式进行尝试。

拓展探究型作业将原本题干枯燥无味的内容转变为需要学生自主探究的内容，重视让学生自己去搜集相关知识，增强了作业的趣味性。这样的个性化作业可以附在相应习题的前面，激发学生的学习兴趣和探其究竟的欲望，学生会带着浓厚的求知欲去解决问题；也可以在学生做过相关习题后过一段时间以小组探究讨论的方式提出，部分学生对做过的较难问题缺少反思，不擅于将习题涉及的内容进行拓展及应用探究，通过这种作业方式，可以引导学生主动对所做部分应用类题型进行反思及应用探究，既能够帮助学生对科学认知进行建构和巩固，又能培养学生的科学探究素养和创新意识。

2. 个性化实践拓展探究型作业

物理实验是高中物理较为关键的环节之一，但是受应试教育和软硬件条件的限制，高中物理实验教学形式还比较保守，实验内容多局限在书本上，很少提供给学生进行实验拓展探究的时间和空间，忽视了该年龄段学生好奇心强的个性特点，抑制了学生的求知欲，剥夺了学生动手创新实践的机会，不利于对学生科学思维素养和实践能力的培养。为了弥补其不足，教师可以尝试将常规实验进行拓展并设计成探究型作业，指导学生在完成实验探究型作业的过程中将相关知识点融会贯通。

静电场的学习中，大家了解静电除尘是利用静电场使气体电离，从而使尘粒带电吸附到电极上的收尘方法。在强电场中，空气分子被电离为正离子和电子，电子奔向正极过程中遇到尘粒，使尘粒带负电吸附到正极并被收集。针对这部分知识，教师可以采取如下的个性化作业设计。

由于个性化作业具有内容富有层次性、形式具有灵活多样性、实践探究性强等特点，因此它的完成时间和空间具有一定的开放性，完成方式也不再局限个体独立完成，可以采取同学间探讨、小组合作、寻求家长协助、借助网络信息及社会机构配合等方式完成。这样，兼顾了各种优势的个性化作业，既帮助学生巩固了所学的物理知识，又加强了学生间、学生和家人间、学生和社会间的沟通能力，培养了学生的协作能力和团队精神。这就要求教师设计的高中物理个性化作业一定要依据培养目标的要求，有利于学生情感态度与价值观的良性发展，提高学生的主动性和合作能力。通过这种个性化作业，让学生自己找出学习中存在的问题和不足，进而改进不足。同时，鼓励学生在完成作业的过程中独辟蹊径、敢想敢做、勇于创新，在掌握知识、提高学习效率的同时提升学生的综合能力，真正实现对创新、合作、复合型人才的培养目标，让学生的物理核心素养发展能够得到更为充足的空间和支持。

本章节针对核心素养导向的高中物理新课堂教学环节展开了一番叙述。课堂导入、课堂提问、实验教学和课后作业是高中物理课堂教学的重要组成部分。在新课程改革的环境下，高中物理教师要深入贯彻新课程改革精神和理念，将核心素养的培养落实到各个环节之中。因此，教师要形成对物理核心素养的正确认识，关注学生在各个教学环节之中表现出来的实际需求，结合学生的认知特点，科学地设计教学方案，完善教学中的无用行为，提升教学的效益，让学生的物理核心素养得到健康而全面的发展。

第五章 核心素养视域下物理教师技能要求

第一节 教学技能综述

一、当代教师的素质结构

教师素质是教育现代化的关键问题。让·托马斯认为，教育革新的成败最终取决于全体教师的态度。对尚未掌握思考和学习方法的学生而言，我们无论怎样强调教学质量亦即教师质量的重要性都不会过分。为此，构建合理的适应现代教学发展的教师素质结构，是我们必须思考和研究的理论与现实课题。

一个好教师应该具备较高的综合素养，其综合素质可以用三维结构来描述：一维是专业知识素养，二维是专业能力素养，三维是人文素养，三者构成了教师的三维立体素养结构。

（一）教师的专业知识素养

教师的专业知识素养包括本体性知识、实践性知识、条件性知识。教师的本体性知识是指教师所具有的特定学科的知识；教师的实践性知识是指教师所具有的课堂情境知识及相关的知识；教师的条件性知识是指教师所具有的教育学与心理学知识。

（二）教师的专业能力素养

教师的专业能力素养包括基础能力、职业能力、自学与自我完善能力。

1. 基础能力

教师的基础能力是指教师的教学技能，如计划技能、阐述技能、导入技能、提问技能、讲解技能、引导技能、板书技能、把握技能、节奏技能、表达技能、讨论技能、演示技能、练习技能、反馈技能、对比技能、评价技能、总结技能等。

2. 职业能力

教师的职业能力是指教师的了解能力、管理能力、说服能力、表扬能力、关系能力、沟通能力、示范能力、暗示能力、控制能力、感化能力、惩罚能力等。

3. 自我完善能力

教师的自学与自我完善能力是指教师的积累能力、自我完善的能力、钻研能力、自我控制能力、改进更新能力、自我陶冶能力等。

（三）教师的人文素养

教师的人文素养包括情感、态度、价值观。它们是指教师良好的心理品质和优秀的人格特征等情感素质在教育教学中的体现。

二、教师素养应适用于当前课程改革的需要

首先，对新课程理念的学习和认识，可弥补专业知识素养中实践性知识的缺失。它是学生对即将从事的工作的一个全新的认识，不仅有利于形成教育观念，更有利于他们在实际教学中对观念的把握能力。新课标的学习，从课程标准设计框架入手，让学生对新课标有一个整体性的认识，然后从培养目标定位到课程基本理念、课程目标、内容标准实施建议，重点在于学习课程基本理念和课程目标，形成适合当前形式的教育观，包括质量观、人才观及服务观等。

其次，重新认识教学过程和教学原则、教学方法，提升教师的知识素养。教学过程是认识和实践相统一的过程，强调实践是体现国际课改理念中体验的教育观念，在阎金铎、查有梁等著的《物理教学论》一书中，《物理教学的认识研究》一章非常精彩，解读了物理教学的认识过程的特点。对教学原则的认识也不能局限于表面，要深刻理解教学原则需要了解其理

论背景，《物理教学论》一书从系统科学的反馈原理、有序原理、整体原理应用与研究教学原则出发，相应提出"明确意义，增强兴趣；循序渐进，周期跃迁；掌握结构，发展能力"的三个教学原则。这对我们理解和把握教学原则有更好的指导意义。物理教学方法部分，李秉德先生主编的《教学论》，对教学方法的划分是比较科学的，他把教学方法划分为五种，即以语言传递信息为主、以直接感知为主、以实际训练为主、以欣赏活动为主、以引导探究为主。这样的划分清晰明了，同时，任何一个课堂教学都是在综合教学方法的基础上才能达到优化教学的目的。学习教育基本理论包括：教育与人的发展关系、教师与学生的关系，了解外国近代教育思想，了解教育心理学理论如学习心理理论、学习动机理论、学习策略理论等，教育教学理论的学习应该进一步加强。

时代发展给教育带来的深刻影响，必然引起各种教育因素的变化，也必然引起教育的重要因素——教师的变化。因此，师范教育在培养和提高教师素质时，应努力适应时代发展，迎接挑战。

第二节　物理教师必备的具体教学技能

一、表达技能

很多教师在多年教学中总结出来的重视物理教学中用"物理语言"表达物理概念、物理规律，从而发展思维乃至培养智力与能力、教会学生学习"活"的物理的一种教法，这种教法在大大提高学生学习兴趣的同时，使学生学到了知识和技能，也掌握了物理过程和物理方法，是被实践证实较为有效的教学方法，较好地解决了学生学习物理过程中出现的问题。

（一）关于表述

表述，顾名思义，就是表达叙述。表述是教师基本教学技能之一。教师的基本教学技能包括计划技能、阐述技能、导入技能、提问技能、讲解技能、引导技能、举例技能、板书技能、把握技能、节奏技能、表述技能、讨论技能、演示技能、练习技能、反馈技能、对比技能、评价技能、总结技能。其中阐述、讲解、引导、举例、表述等都属于语言技能，这说明，语文水平及其相关的语言能力在物理教学中具有一定的重要性。物理学家和好的物理教师都认识到了语言之于物理学习的重要性，很多著名的物理教师都认识到，无论是教师还是学生，没有好的文学功底，就不可能教好、学好物理。爱因斯坦、费曼等大科学家都非常重视人文修养尤其是语言修养对于科学研究的重要性。因此，在所有的语言技能中，表述技能在物理教学中是最为重要的一个技能，对物理教学具有深远意义。

（二）关于物理教学中的表述

概念课和规律课教学是中学乃至大学物理课教学的主要内容，物理概念是反映物理现象、物理过程本质属性的一种抽象，物理规律是自然界中物理客体本质属性的内在联系，是事物发展和变化趋势的反映，物理概念是建立物理规律的前提和基础。因此，物理教学过程的实质就是让学生学习物理概念、物理规律的一般方法，从而理解物理概念、规律，最后能够应用这些概念、规律去解决具体的问题。在教学流程中，表述是贯穿教学始终的，表述的效果直接影响到教学效果。概念规律课教学的流程如下：

根据"生活现象——提出物理问题——解决物理问题——得到物理概念或规律——运用概念、规律"解决实际问题（回到生活中）。

在这样的教学流程中，每个环节的衔接，都需要表述。对生活现象的表述，怎样通过对生活现象的分析思考提出物理问题，物理问题怎样解决，如何定性分析和设计定量论证的实验，对物理概念和规律的表述，对具体问题的分析等。

物理概念不仅是物理基础知识的重要组成部分，而且是构成物理规律、建立物理公式和完善物理理论的基础和前提。对物理概念的理解和认识是教学要达到的目标之一，也是教学的出发点。物理概念是反映物理现象、物理过程本质属性的一种抽象，是在大量观察、实验的基础上，运用逻辑思维的方法，把一些事物本质的、共同的特征集中起来加以概括而形成的。

物理规律是物理现象或过程在一定条件下必然发生、发展和变化的规律，反映物理物质运动变化的各个因素之间的本质联系。如何突破对物理概念和物理规律的理解是物理教学的主要任务之一。物理概念与物理规律总是与一定的情景和过程相联系，所以强调情景和过程让学生建立牢固的"概念—规律与情景—过程"的刺激反应连接是理解概念规律、形成方法的唯一有效的途径。理想的效果是，每当学生在回忆一个概念或者规律的时候，在他的脑海中不单是一个数学表达式而同时出现和这个公式相对应的一幅物理情景和过程以及当时的推导方法、思考和实验。根据多年的听课经验，我们发现很多老师在教学中强调结论远甚于强调情景和过程，所以学习的结果是学生没有对公式形成物理意义上的理解、思考和认识，其后果是学生记住了公式却不能解决问题，因为问题情景和公式之间没有建立起牢固的联系。强调情景和过程可以通过对概念、规律的表述，而且要用"物理语言"表述的途径实现。基于物理课程的特点，物理课堂的语言当然显著区别于语文等其他课程教学中的语言。这里提出的"物理语言"主要是针对"数学语言""文学语言"等而言的。下面就谈谈用"物理语言"表述的特点。

1. 强调用文字表述而非符号的表述

以牛顿第二定律为例。我们可以随机问一些高二、高三或者大学理科的学生，请他们用公式说说牛顿第二定律，结果几乎相同；如果继续要求他们用文字进行描述，结果就会有较大的不同，但是很少有准确的答案。

牛顿第二定律研究的是物体的运动规律，而物理规律就是揭示物理量之间的稳定的、必然的关系。所以回答什么是牛顿第二定律，首先要回答这个定律在揭示哪几个物理量之间的关系，揭示谁在跟随谁发生变化。答案是显而易见的，因为牛顿第一定律揭示了力和运动的定性的关系，力是改变物体运动状态的原因，力作用于物体，使物体产生加速度，从而使物体的运动状态即速度发生了变化，那么接下来牛顿第二定律就要进一步定量研究加速度和力之间的关系，在物质不变的情况下，研究加速度随力的改变，在物体受力不变的情况下，研究加速度随物体质量的改变。物体的加速度和作用于物体上的合外力成正比，和物体的质量成反比；"物体的加速度"是研究的对象，"与作用于物体上的合外力成正比，与物体的质量成反比"表明了加速度大小和哪些物理量有关及关系。这个表述包含了研究内容、过程、研究方法和研究结论。

2.强调定义式和计算式、定律和定理的区别与联系

物理概念（定义）的定义式在任何情况下对同一个概念或规律都适用，而计算式则在一定条件下适用。定义是对物理概念本质属性的最简洁、最清晰、最准确的描述，是在抽象、概括的基础上得到的，是反映概念中的物理对象的共同本质属性，是该事物区别于其他事物的本质特性。定义是物理学习中获得思维锻炼的有效形式，定义的过程是归纳的过程，而从定义式到计算式是从普遍到特殊的思维过程，是演绎的过程，它反映本质属性的对象，即平常讲的"使用条件"和"范围"，了解定义式、计算式和相关物理概念的联系构筑了物理知识大厦的基础，整理和分析知识间的联系是建构主义的学习方式，也是思维方式，否则学到的只是知识的散沙。

物理规律的建立过程，归纳起来有两种形式：一是综合方式，在实验事实和数据的基础上，通过加工总结，经过归纳推理等思维方法概括出物理规律，通常称为物理定律，如牛顿运动定律、能量的转化与守恒定律等；二是分析方式，在已有的概念和定律的基础上，运用数学工具演绎推理等思维方法推导出新的物理规律，通常称为物理定理，如动量定理、动能定理等。严格地说，所有的物理规律都经过了理论和实验的双重检验，然而在教学中，对所有的规律都进行推导和实验是很难做到的，根据具体的内容和要求，我们对定理进行理论推导、对定律进行实验验证就基本达到了教学要求。

3.表述要逻辑严密、准确清晰、完整简练、层次分明

通过逻辑严密、准确清晰、完整简练的表述不但得到了结论，还呈现了一个完整的物理情景和物理过程，包含了研究问题的前提条件和方式方法。物理定义充分体现其物理美学原则，物理美学原则的核心就是科学美、简洁美、对称美、一致美（和谐美）。对物理概念、规律的表述直接反映了学生对概念、规律认识的程度，学生的表述越是逻辑严密、准确清晰、完整简练，那么学生对概念、规律的理解就越是透彻。这是表述的认知价值，也是表述的物理美学价值。

二、演示技能

物理学是一门以观察和实验为基本研究方法的科学。课堂演示实验在中学物理教学中实验占有很大的比重，是物理教学的有机组成部分。演示实验是以教师为主要操作者，引导学生观察思考，以达到一定的教学目的的表演示范实验。它不仅是建立物理概念和规律、理解和掌握物理知识不可或缺的环节，还能培养学生的观察能力、思维能力、探索精神及良好的学习方法。演示实验的优点是能够充分发挥教师的主导作用，并为学生独立进行实验创造条件。一些成功的演示实验，不仅使课堂气氛活跃，获得很好的教学效果，而且常给学生留下难以磨灭的印象，激起他们学习物理的浓厚兴趣，也能培养他们热爱科学的精神。

（一）演示实验的功能

1.活跃课堂气氛，激发学习兴趣

将一些生动、有趣、新奇、学生感到意外的演示实验引入课堂，尤其是当学生想象中的结果与演示实验结果相悖时，学生会对实验中所蕴含的物理知识产生极大的兴趣。在好奇心和求知欲的驱使下，使学生自主地探求实验中所蕴含的科学知识和物理规律。无疑，这种通过自己努力学来的知识是学生最容易掌握的，学习效果也是最好的。同时，课堂演示实验还能活跃课堂气氛，营造教师和学生共同参与的愉快的物理学习环境，有利于学生热爱学习科学文化知识的习惯的培养。

2.提供感性材料，构建思维模型

演示实验提供了丰富的感性材料，如对学生视觉、听觉等感官的刺激，加深了学生的感性认识，通过教师的分析、说明与讲解，使学生很迅速地将感性认识上升到理性认识，建立物理思维模型，克服学习难点。

3.注意操作安全，教给物理方法

演示实验中，教师必须正确使用仪器，严格按照实验要求规范操作，对实验数据及现象的记录、分析和处理都须运用正确的方法。使学生了解一定的基本使用方法和观察、记录和分析数据的方法，是培养学生掌握正确的操作技术和观察方法的过程，也是培养学生的观察能力和实验能力的过程。使学生了解物理学研究方法，培养学生从实际出发，尊重客观事实和实事求是的科学态度。教师在教会学生物理学知识的同时使学生掌握了物理学研究方法，即"不仅授人以鱼，还要授人以渔"。

（二）演示实验教学的要点

观察是人类认识自然和社会的入门方法。中学生所处的年龄阶段是初步认识自我、认识世界，通过观察和心理模仿完善自我，形成价值观、人生观、世界观的阶段。

新课改要求的教师的演示技能主要包含两方面的内容：表演和示范。即教学的双方扮演着不同的角色：教师的"演"和学生的"看"。演示实验教学的目的是使学生在掌握知识和技能的同时用自己的眼睛去观察，去发现。教师通过演示使学生亲自看到或切身体会到认真、严谨的科学态度，坚定的科学精神，实事求是的价值观。因此，教师在运用演示技能教学时应注意以下几点：

1.突出设计思想，明确教学目的

演示实验教学无论是其设计思想还是实验目的都应是极为明确的。实验设计思想包括实验原理、实验装置、实验要求、实验方法与实验技术及实验教学程序在实验教学设计中的综合反映与运用。巧妙的实验设计思想，能使学生能更好地理解、更好地认识，同时能提升学生的科学思想水平。演示实验运用于课堂的不同环节，有不同的目的，因此有不同的要求。课堂中有无演示，选择什么样的演示，怎样进行演示都必须首先从具体的目的出发。

2.演示过程要慢，讲解方法步骤

演示实验的一切功能都离不开观察。因此，演示实验要尽可能让学生观察清楚，一步一步操作，使学生感觉自己也在参与实验。在演示过程中，伴随着教师必要的讲解和说明，使学生掌握实验环节和方法步骤。

3.课前认真准备，过程有条不紊

教师在做演示实验时，先做什么、后做什么，都要心中有数，并要身体力行。这样严格要求，条理清晰，一方面使学生的思路始终围绕一个教学中心，另一方面使学生感受到科学的方法及科学的严谨性。课堂演示实验关键是要教给学生方法，因此教师在演示实验时，要力图给学生呈现科学的严谨与效率。

4.培养学生对科学的爱，深入感性教育

演示实验不仅是为了得出一个结论或验证一条物理规律，而是要借助实验培养学生各方面的情感、态度和价值观。教师要爱惜实验器材，通过演示实验来说明物理学科知识的来之不易。使学生热爱科学，热爱实验，热爱实验器材，以积极的态度探索和发现新知识，形成科学的价值观。

5.正确对待失误，做到实事求是

备课时做充分的准备，可以提高演示的成功率，但并不能保证在课堂上万无一失。一是在演示时，出了问题首先要镇定，切忌手忙脚乱。应认真思考和分析，尽可能及时找到原因，迅速排除障碍。二是要实事求是，万一故障不能及时排除，不能找借口搪塞，也不能编造数据，弄虚作假，要以负责的精神和科学态度向学生说明情况和失败的原因，这样使学生形成实事求是的科学态度和正确的世界观、价值观、人生观。

三、其他技能

（一）导入技能

"良好的开始是成功的一半"，一个良好的开始如同乐曲中的"引子"。导入是课堂教学中的重要环节之一，巧妙而科学地引入课题，能把学生带入课堂情境，集中学生注意力，激发其浓厚的学习兴趣。导入技能是在教学的起始阶段，教师通过运用各种方法建立与新知识的联系，使学生集中注意力，激发学习兴趣，明确学习目标，形成学习动机的教学行为。

1.导入技能的作用

（1）激发学习动机。学生是发展中的人，教师在向学生传授知识、培养价值观形成的过程中必须最大限度地调动学生学习的积极性。学习动机体现的是学习活动中的动力因素，导入新课的首要任务就是使学生产生求知欲望，激发学生学习的兴趣，调动学生对教学活动和学习效果的期待，从而形成学习动机。

（2）明确教学课题。新课导入必须紧贴教材和学生的实际，导入的目的就是要启发和引导学生进入新课题和新程序的学习中。教师要熟练掌握教材并对学生的认知水平和个性特征有全面的了解，在分析的基础上通过运用导入方法有的放矢，使学生知道这节课要学什么、为什么学、怎么学等。因此导入环节的最后一步一定要使学生明确所要学习的内容和课题。

（3）构建学习准备。通过导入使学生更进一步理解已有的旧知识、旧经验，了解其与即将所学的知识间的承接关系，形成理论结构上的联系，学会运用正确的学习方法，形成自主学习的习性，在心理方面做好学习新知识的准备。

2. 导入技能的方法和类型

（1）直接导入法。直接导入是教学中最原始也是最简单的导入方法。教师在新课开始时开宗明义，直接说出所要讲授的课题，讲明这节课所要学习的内容和要求，从而引起学生注意，给学生以简洁明了的感觉。但这种导入方法过于单调和直接，又要求学生必须具备良好的学习基础和知识结构，故在三维教学目标的要求下，不赞成大量使用此法。

（2）问题导入法。根据人的发展理论，即人的认识来源于人的感觉，来源于人的感觉器官对外界的直接反映和认知水平的不断提高。直觉能使学生获得感性认识，中学生对生活中的许多现象已经形成了初步的模糊认识，而这些固有的认识与物理规律往往有很大的差距，其中有许多甚至是错误的认识，如果这些错误的观点不动摇，学生则很难建立起正确的物理观念。在导入时把学生的问题彻底暴露出来，既能激发学生的学习的兴趣，又能为新知识的学习扫清障碍。另外，教师还需针对教材的关键、重点和难点巧妙地进行设问和反问，利用问题创设情境，让学生产生疑惑，激发学生思维，从而成功地将学生引入新课的教学活动中。例如，在牛顿第三定律的新课导入中教师可问学生："拔河比赛中是赢的一方拉力大还是输的一方拉力大？"学生肯定认为赢的一方拉力大。教师此时应明确指出双方拉力一样大，学生急于知道原因，此时教师就可以引入牛顿第三定律进行讲解，学生印象肯定深刻，收到很好的教学效果。

（3）演示实验法。演示实验法是教师在讲课之前通过演示实验，创设物理情境，加强直观教学的导入方法。这种导入方法不仅使抽象的知识具体化，而且使学生感到实验的趣味性，激发学生的学习兴趣，学生的注意力自然也就集中到所研究的问题和学习的内容上来。

（4）史实运用法。史实运用法即教师在新课开始前通过讲述物理学史上的脍炙人口的故事，或生产生活中的某些现象引入新课的方法。物理学史是物理学科发展的历史。物理学是社会实践的产物，是随着人类社会实践的发展而产生、形成与发展的，是影响科技进步和科学发展的一门学科。物理学史中的许多故事都包含着科学工作者辛勤劳作的汗水，每一次成功又都推进着科学不断进步，并闪耀着发现者创造性的超前的思维和精神，是我们学习的楷模。用物理学史实进行新课导入，对学生科学素质和价值观的提升具有潜移默化的作用。另外，运用生活中的许多实例导入新课，使课堂教学从生活走向物理，从物理走向社会，使学生意识到生活、物理、社会是一个无法剥离的有机整体。通过所选取的恰当、贴切、典型的实例，不仅能激发学生的学习兴趣，而且有助于学生具体生动地理解知识，并且做到学以致用，树立远大的科学目标。例如，通过向学生讲述伽利略在比萨斜塔做的两个铁球同时着地的实验引入重力加速度的新课教学，既增长了学生的知识，又使新课教学显得更为生动、具体。

（5）巧设悬念法。该方法是教师在导入新课的过程中巧妙地设置悬念的方法，利用了中学生好奇心强烈的心理发展特点，吸引学生注意力，促使学生积极思考，突出教学主题，使学生产生探究物理问题的强烈愿望。采用此法导入，教师须在新课开始时，就有目的地设疑发问，层层推进，让学生带着问题思考，在思考中探索，在探索中学习，在学习中进步，从而引导学生循序渐进地领会和认知新内容。

（6）温故求新法。物理学知识的逻辑是极为严密的，新旧知识的衔接是极为紧密的。在心理学中认为新的认知经验是建立在已有的认知经验基础上的。《论语》中就有"温故而知新，可以为师矣"的说法。教师在课题伊始通过对旧知识的复习巩固导入新课，如此循着知识结构的先后顺序以及知识间的相互联系，教师可对旧知识进行提问，通过提问明确学生对旧知识的掌握情况，同时复习了前面所学习的知识，如此循循善诱，引导学生的思维向新课内容靠拢，很自然地引入新课。

（7）媒体参与法。利用现代化信息技术辅助教学方式导入新课逐渐成为学生和教师都乐于接受和使用的导入方式之一。运用音响、图像等多种教学媒体的声音、图像效果，多方位地刺激学生的感觉器官，调动学生学习的积极性，使抽象的物理知识具体化，复杂的物理原理简单化，呆板的物理理论生动化。能直观地给学生展示物理科学丰富的知识和应用结构，进而启发学生的思维，使其能尽快地投入新课的学习情境中，以积极的状态学习新知识。显然，这样的学习状态和方法是最好的。例如，在光学课程的导入时均可运用媒体来演示各种光学现象，以加深学生对光学知识的印象和积累。

（二）提问技能

教学的本质是沟通与合作。在课堂教学中，教师和学生之间最重要且有效的沟通方式即为提问。因此，一个教师在课堂中能否提出适宜于相关教学内容及符合学生认知功能的问题，充分体现教师的基本素养以及驾驭课堂的能力，直接影响着教学质量的高低。

提问技能是教师以提出问题的方式，通过师生间的互动，来促进学生学习的一种教学行为方式。"学者先要会疑"，因此教师要善于设疑提问，启发学生思维，让学生集中注意力，激发其学习兴趣，调动学生的学习积极性。通过提问可以及时地了解学生掌握知识的情况和认识水平，找到学生思维困难的症结所在，从而及时调整教学方案设计，最终达到最好的教学效果。提问还可使课堂气氛更为活跃。教师启发引导，学生踊跃发言，形成教学过程的民主化、合作化，同时在提问的过程中促进教学成长。

1.提问的功能

（1）激发学习兴趣，引发学习动机。在课堂教学中，教师的有效提问能促使学生积极思考，正确地建立思维结构。教师的启发，引发学生产生思维上的冲突，自己进行思维活动，产生解决问题的自觉意向，也就是产生了认知动机。美国心理学家费斯廷格首先提出"认知失调理论"。他认为，几种认知元素不和谐就会产生紧张状态，个体为了解除紧张就会采取一些方法来改变认知，重新恢复认知平衡，即产生思维活动。在提问过程中主要表现为学生的不断思考直至解决教师所提出的问题。学生是发展中的人，通过教师的启发和自我的思考进行认知的调整和适应，从而使教学效果达到最佳。

（2）创设问题情境，拓展思维领域。问题情境教学与传统的讲授式不同，讲授式教学是教师以语言为主向学生系统地传授知识的教学模式。在物理教学中，讲授式过于强调物理规律和知识的结论性，束缚了学生思维，削弱了知识与技能、研究过程及处理问题的方法的培养，更不利于学生科学的情感、态度、价值观的形成。问题情境教学模式中，学生不再是知识的被动接受者，而是身临其境，积极参与信息的整合与思维的加工者。教学过程是以提出问题和解决问题的方式来获得新知识的问题性思维过程。因此，创设问题情境，能使学生积极地参与课堂教学活动，有利于学生创新能力的培养，另外，在提问的过程中会形成许多以探究的问题为主而衍生出的问题，即学习的过程将围绕着共同的主要问题的解决而展开，这些问题的提出与解决，都将使学生在不断思考的过程中积累和巩固大量的物理知识，掌握学习的方法和处理问题的基本技能，对所学的知识有进一步的理解和应用，拓展了学生的思维领域，有助于科学的思维方式的培养。

（3）促进沟通交流，促使教学相长。在课堂上，教师提出问题，学生通过分析等方式进行思维加工来回答问题，教师通过学生的回答做出相应的评价，学生在大脑中又对教师的评价做一个整合。如此构成了"教师——学生——教师——学生"的"问——答——评——思"的一个有机的循环交流过程。教师和学生都从对方那里获得了反馈信息，了解了对方的想法。教师通过学生的回答可以发现学生学习过程中容易存在的问题，及时加以指导和纠正，可以了解学生掌握知识的具体情况和认识水平，找出阻碍学生思维的症结所在，从而加以解决，使学生理解得更为清晰和透彻。在学生一方，通过教师的提问，促使学生听课时紧张地思考，积极地参与，使学生成为课堂中发现问题的主体。提问使学生明白了本次教学的相关知识与技能，在思考的过程中加以比较熟练地运用，更能促进知识的记忆与积累，并使课堂教学的主线条清晰直观地反映在学生脑海中。课堂提问激励了学生的思维，促进了沟通和交流，促使教师和学生在教学过程中相得益彰。

（4）培养问题意识，加强科学素养。物理学是探究物质结构、物质相互作用和运动规律的自然科学。物理学科体系是经过许多物理学家付出辛勤劳动而形成的，是人类思维与智慧的结晶。每一位物理学家在解决了一个又一个物理问题的同时又会提出或衍生出许多问题，给后人以启发，使我们的物理学科体系不断发展完善。爱因斯坦曾说："提出一个问题比解决一个问题更重要。"科学家在注意观察我们周围世界的同时用怀疑的目光审视这个世界，甚至是前人的结论与成果。伽利略正是通过对亚里士多德"重的物体落得快、轻的物体落得慢"思想的怀疑从而经过反复实验，在比萨斜塔公开证实了两个铁球同时着地的著名论断。因此，问题意识和学生自己能否提出问题是学生科学素养的重要体现。提问和问题的教学有助于认识发现和提出问题的重要性，学习提出问题的方法，以及对问题的陈述和评价，有助于学生思维能力和表达能力的提高，进一步增强了学生的科学素养。

2. 关于问题的设计

教师在授课前应对课堂上所要提出的问题进行精心的设计。课堂教学中的提问必须以认识论为基础，以教学大纲和教材的知识范围、结构体系为依据，针对教学中的重点、难点及学生认识水平的实际情况，在必要时提出适当的问题。在问题的设计上，应注意以下几点：

（1）在复习、巩固所学知识时可进行提问，即在新旧知识的衔接处设计提问。此时，学生已有了旧知识的认识和积累，通过提问，使学生对掌握不充分、不牢固的知识重新认识一次，因此，要在学生容易遗忘的内容上设计提问，不仅加强了学生对旧知识的记忆，也有助于新知识的理解。

（2）需要学生深入理解教学内容时可设计提问。此时学生对所学的知识已有了初步的掌握并能做简单的应用，恰当的提问可使学生对知识理解得更为透彻，在技能和方法的掌握上也能做到熟练的应用。如在学习了正压力之后，可提问：放在斜面上的物体对斜面的正压力如何，以使学生区别重力和正压力。

（3）在学生思维障碍处可设计提问。此时学生的认知往往停留在已有的知识、经验基础上，教师提问，可使学生调动思维，充分考虑各种情况后做出解答，教师加以指导，使知识掌握得更为充分、全面。例如，在刚学习"力"这一节时，教师可以以推箱子为例提问："维持物体运动是否需要力？"使劲推箱子则箱子运动，不推则不动。而后又通过踢出足球的例子来否定这一说法。从而得出正确的结论：力是改变物体运动状态的原因。

（4）在需要学生运用已学知识的时候可设计提问。在课堂教学中，当学生已经对课堂上所学习的知识与技能、研究过程及方法都有了充分的理解并掌握了之后，教师可联系生产生活中的一些现象来提问，让学生解释或进行计算。一方面锻炼了学生对知识的应用能力，加强了学生对知识和技能的驾驭能力，另一方面也使学生意识到物理知识既来自生活又应用于生活。

（5）在培养学生理解知识间的相互联系时可设计提问。教师在提问有关知识间相互联系的问题时，可使学生对知识形成一个基本的建构，有利于物理思维的开发。例如，在讲述了平抛运动之后，可提问平抛运动的相关处理办法，即可分解为水平方向上的匀速直线运动和竖直方向上的自由落体运动。如此则把平抛运动、自由落体运动、匀速直线运动构成了一个体系。

3. 教师运用提问技能时应注意的问题

在课堂教学中，提问的目的不仅在于使学生正确地回答问题，得到一个正确的结论，还能通过提问使学生开动脑筋，打开思路，结合已有知识培养学生分析、综合处理问题的能力。因此，教师运用提问技能时应注意以下几个问题：

（1）问题清晰，目的明确。教师所提的问题必须清晰，提问的目的要明确，所提问题简明扼要，使学生一听就知道教师问的是什么意思，需要哪方面的知识，从哪个方面作答。切忌教师无目的或目的不明确地提问，这样容易造成学生思维混乱，必要的时候教师可作相应的提示。

（2）面向全体学生。学生是教学的主体，教师提问要面向全体学生，使每个学生都能有回答问题的机会，同时要注意学生的个体特性。教师应尽可能让各个层次的学生都有被提问的机会。切忌针对某几个学生提问。

（3）问题难易适度。提问要根据不同层次学生的特点、教材的设计和课程教学目标来设计，所提问题不宜太难或太简单。太难的问题超出了学生的理解水平和知识基础，太简单则失去了提问的作用和效果。苏联心理学家维果茨基提出的"最近发展区"理论，这一理论把学生的发展水平分为两种：第一种是现有的发展水平，即学生现在能够独立完成的智力任务；第二种是学生潜在的发展水平，即最近发展区，指目前暂时无法独立完成，但在教师的指导下，学生通过自身努力可以完成的智力任务。教学应该走在发展的前面，使学生"跳一跳，摘桃子"。因此，在课堂教学中，应当有步骤、分层次地展示知识结构，提出问题，设置思考，引起学生的求知欲望，并经过一番努力找到正确答案。针对学生智力水平层次不同的实际情况，提出不同的问题和设计相应的目标，这样能使学习水平较低的学生树立信心，使成绩好的学生更加努力。

（4）提问具有灵活性。对于同一个教学点，所提问题并不是一成不变的，而是要随着课堂教学的进展状况、学生的学习状态，以及教师和学生的相互配合等诸多因素的变化而变化。教师应随时注意学生思维动态的变化，发现学生存在的问题，随机应变，提出相应的问题。这样能使学生的思维紧紧扣在所学习的内容上，掌握更多的信息，也有助于智力开发和积极思考的良好学习习惯的形成。

（5）对提问一定要做出反馈。学生回答完问题，教师应做出及时的反馈，予以适当的分析和评价。无论学生回答正确与否，都应做出正面的积极反馈。当学生回答出错时，可及时纠正，但不能见错就纠，待学生回答完毕后，再予以指出并纠正，这样可保持学生思维的连贯性。对于学生回答问题不全面的情况，教师可通过提示引导其做全面的回答或让其他学生补充，或大家共同讨论，最后得出正确而又全面的结论。

（6）教师应当尊重学生，提问时的态度要诚恳。在课堂教学过程中，教师的提问和学生的回答是一个沟通和交流的过程。提问时不要让学生感到是有意为难他们，应该用合作的态度来交流，也不能因为学生答错而流露鄙夷的神情，应热情鼓励学生回答或再提出问题。

另外，课堂教学的提问应当提前设置，尤其是初登讲台者，应在备课的时候就准备好什么时候提问，提什么样的问题，并对学生的回答做出预设，这样有助于教师在课堂上使学生的思维向所要学习的内容靠拢，也有助于教师对课堂的掌控。

参考文献

[1] 白志峰.追课实录：高中数学课堂内外教育教学探索 [M].北京：北京理工大学出版社，2018.

[2] 曾立群.高中物理学科教育 [M].北京：教育科学出版社，2016.

[3] 陈延涛.基于核心素养的高中物理实验实践与研究 [M].长春：吉林人民出版社，2021.

[4] 成建.诗意的物理教学 [M].青岛：中国海洋大学出版社，2018.

[5] 董友军.基于物理学科核心素养的教学实践与反思 [M].广州：暨南大学出版社，2019.

[6] 刘军.高中物理项目式教学实践研究 [M].济南：山东科学技术出版社，2020.

[7] 任虎虎.指向深度学习的高中物理教学研究 [M].合肥：中国科学技术大学出版社，2019.

[8] 苏芸，刘燕.学科核心素养的养成 [M].福州：海峡文艺出版社，2017.

[9] 唐茂源.基于提升核心素养的高中物理实验创新案例 [M].广州：华南理工大学出版社，2020.

[10] 田序海.核心素养视野下的高中物理有效教学研究 [M].济南：山东科学技术出版社，2018.

[11] 王家山.高中物理教学与解题研究 [M].上海：上海社会科学院出版社，2020.

[12] 王淑.聚焦核心素养 探索实效课堂 [M].长春：吉林人民出版社，2019.

[13] 徐成华.高中物理教学研究 [M].上海：上海社会科学院出版社，2017.

[14] 薛永红，王洪鹏 . 物理文化与物理教学 [M]. 济南：山东科学技术出版社，2018.

[15] 严明 . 高中物理单元教学的实践研究 [M]. 上海：上海教育出版社，2021.

[16] 杨宏 . 基于核心素养的高中物理教学设计与方法 [M]. 长春：吉林人民出版社，2021.

[17] 杨君 . 北京高中物理新课程改革成果精粹 [M]. 北京：北京理工大学出版社，2017.

[18] 张修江，何帮玉 . 物理创新性教学与高效课堂 [M]. 长春：吉林人民出版社，2019.

[19] 周后升 . 高中学生物理学科核心素养发展研究及教学实践 [M]. 广州：广东高等教育出版社，2019.

[20] 周文君 . 基于核心素养的有效学习与学业评价策略：初中物理 [M]. 长春：东北师范大学出版社，2019.

[21] 周耀才 . 高中物理课程价值取向的探索与思考 [M]. 北京：知识产权出版社，2015.